职业农民读本

农民专业合作社财务核算实操

上海市农业广播电视学校 编

中国农业出版社

北 京

编　委　会

前　言

　　本教材专为加强农民专业合作社日常财务核算，进一步规范内部财务管理，促进其向现代企业化运作转型，不断提升新型职业农民经营管理水平的需要而编写。

　　本教材以实务操作指导为本，符合国家现行相关法规、制度、政策要求。原理、概念通俗易懂，实务案例基本覆盖主要行业关键业务，核算流程演示规范、报表简便适用，方便农民专业合作社负责人及内部会计人员日常应用参考。

　　本教材阐述和演示内容主要包括总论、基本会计业务核算、成本核算、财务报表、财务分析五大部分。附录内容为家庭农场财务核算。其中成本核算内容涵盖粮食、蔬菜、水果、畜禽、水产、农机及农家乐七种类型的专业合作社，综合类等其他专业合作社的成本核算可按《农民专业合作社财务会计制度（试行）》的要求，参照本教材相关做法进行核算。

　　本教材可作为新型职业农民认定培训和继续教育阶段的参考教材。主要用于指导农民专业合作社、合作联社和家庭农场负责人及会计人员日常财会业务核算操作。

本教材第一章总论由王莉萍编写；第二章基本会计业务核算由吴家余、王莉萍合作编写；第三章成本核算由吴家余、贾燕芳合作编写；第四章财务报表、第五章财务分析由张燕文、贾燕芳合作编写；附录家庭农场财务核算由吴家余、张燕文合作编写。编写过程中得到了上海市农经站的指导帮助，毕施华、朱火金提供了宝贵的审稿意见，在此表示感谢。

欢迎读者在使用过程中对本教材中的错误和不当之处提出批评指正，以便修正完善。

目　录

前言

第一章　总论 ·· 1

第一节　会计核算原则 ·································· 1

第二节　会计科目 ··· 1

第三节　会计账簿 ··· 3

第二章　基本会计业务核算 ························· 8

第一节　筹集资金的核算 ····························· 8

第二节　专项资金的核算 ···························· 12

第三节　应收应付款项的核算 ···················· 14

第四节　农业资产的核算 ···························· 16

第五节　固定资产的核算 ···························· 20

第六节　无形资产的核算 ···························· 26

第七节　存货的核算 ···································· 27

第八节　收入支出的核算 ···························· 34

第九节　成员分配的核算 ···························· 37

第十节　合作社解散的清算 ························· 43

第三章　成本核算 ·· 47

第一节　成本核算概述 ································· 47

第二节　蔬菜成本核算 ·· 53

第三节　粮食成本核算 ·· 59

第四节　水果成本核算 ·· 62

第五节　畜禽成本核算 ·· 67

第六节　水产成本核算 ·· 74

第七节　农机成本核算 ·· 78

第八节　农家乐成本核算 ·· 85

第四章　财务报表 ·· 91

第一节　财务报表概述 ·· 91

第二节　资产负债表 ·· 93

第三节　盈余及盈余分配表 ·· 98

第四节　科目余额表 ··· 101

第五节　收支明细表 ··· 104

第六节　成员权益变动表与成员账户 ····································· 106

第七节　财务状况说明书 ··· 111

第五章　财务分析 ··· 114

第一节　财务分析概述 ··· 114

第二节　财务报表分析指标 ··· 116

附录　家庭农场财务核算 ··· 120

第一章 总 论

第一节 会计核算原则

农民专业合作社应根据《农民专业合作社财务会计制度（试行）》的规定和会计业务需要，设置会计账簿，配备必要的会计人员。

农民专业合作社应按《农民专业合作社财务会计制度（试行）》的规定，设置和使用会计科目，登记会计账簿，编制会计报表。

会计核算以人民币"元"为金额单位，"元"以下填至"分"。

农民专业合作社的会计核算采用权责发生制。会计记账方法采用借贷记账法。

农民专业合作社会计核算年度自公历 1 月 1 日起至 12 月 31 日止。

合作社会计信息应定期、及时向本合作社成员公开，接受成员的监督。对于成员提出的问题，会计及管理人员应及时解答，确实存在错误的要立即纠正。

第二节 会计科目

合作社会计核算一般设置 37 个一级会计科目（表 1-1）。

表 1-1 会计科目表

顺序号	科目编号	科目名称
		一、资产类
1	101	库存现金
2	102	银行存款
3	113	应收款
4	114	成员往来
5	121	产品物资
6	124	委托加工物资
7	125	委托代销商品
8	127	受托代购商品
9	128	受托代销商品
10	131	对外投资
11	141	牲畜（禽）资产
12	142	林木资产
13	151	固定资产
14	152	累计折旧
15	153	在建工程
16	154	固定资产清理
17	161	无形资产
		二、负债类
18	201	短期借款
19	211	应付款
20	212	应付工资
21	221	应付盈余返还
22	222	应付剩余盈余
23	231	长期借款
24	235	专项应付款
		三、所有者权益类
25	301	股金
26	311	专项基金

（续）

顺序号	科目编号	科目名称
27	321	资本公积
28	322	盈余公积
29	331	本年盈余
30	332	盈余分配
		四、成本类
31	401	生产成本
		五、损益类
32	501	经营收入
33	502	其他收入
34	511	投资收益
35	521	经营支出
36	522	管理费用
37	529	其他支出

注：合作社在经营中涉及使用外埠存款、银行汇票存款、银行本票存款、信用卡存款、信用证保证金存款等各种其他货币资金的，可增设"其他货币资金"科目（科目编号109）；合作社在经营中大量使用包装物，需要单独对其进行核算的，可增设"包装物"科目（科目编号122）；合作社在生产经营过程中，有牲畜（禽）资产、林木资产以外的其他农业资产，需要单独对其进行核算的，可增设"其他农业资产"科目（科目编号149），参照"牲畜（禽）资产""林木资产"进行核算；合作社需要分年摊销相关长期费用的，可增设"长期待摊费用"科目（科目编号171）。

第三节　会计账簿

一、建账

新建的农民专业合作社（以下简称"合作社"）在建社时、已建账的合作社在年度开始时，会计人员均应根据会计核算工作的需要设置账簿，即平常所说的"建账"。要建的账有三类：第一类日记账，又称现金、银行存款日记账，应由出纳人员根据收、付款凭证，按有关经济业务完成时间的先后顺序进行序时登记，一律采用订本账；第二类总账，又称总分类账，按照总账科目设置，对全部经济业务进行总括分类登记，总分类账可用订本账或活页账；第三类明细账，又称明细分类账，可设三栏式明细账和多栏式明细账（数量金额式明细账），按明细科目设置，对有关经济业务进行明细分类登记，明细分类账可用活页账或卡片账。对于不能在日记账和分类账中记录，而又需要查考的经济事项，合作社必须另设备查账簿进行账外登记。具体要求如下。

（1）填写"启用表"。在账簿的"启用表"上，写明单位名称、账簿名称、册数、编号、起止页数、启用日期以及记账人员和会计主管人员姓名，并加盖名章和单位公章。记账人员或会计主管人员在本年度调动工作时，应注明交接日期、交办人员、接办人员和监交人员姓名，并由交接双方签名或盖章，以明确经济责任。

（2）填写会计科目账户。按照会计科目表的顺序、名称，在总账账页上建立总账账户，合作社的总账账户37个（详见表1-1）；在明细账各个所属明细账户上建立二、三级明细账户。已建账的合作社在年度开始建立各级账户的同时，应将上年账户余额如数结转过来。

二、登账

（一）登账总体要求

分工明确，专人负责，凭证齐全，内容完整，登记及时，账款相符，数字真实，表达准确，书写工整，摘要清楚，便于查阅，不重记，不漏记，不错记，按期结账；不拖延积压，按规定方法更正错账等。

（二）登账的具体要求

（1）根据复核无误的记账凭证登记账簿。会计人员应当对原始凭证、记账凭证进行复核，并以经过复核无误的记账凭证和其所附原始凭证作为登账的依据。

（2）所记载的经济业务内容必须同记账凭证相一致，不得随意增减。每一笔账都要记明记账凭证的日期、编号、摘要、金额和对应科目等。经济业务的摘要不能过于简略，应以能够清楚地表述业务内容为度，便于事后查对。日记账应逐笔分行记录，不得图省事把记账凭证合并登记，也不得将收款付款相抵后以差额登记。登记完毕，应当逐项复核，复核无误后在记账凭证上的"账页"一栏内标记"过账"符号"√"，表示已经登记入账。

（3）按经济业务发生的顺序逐笔登记账簿。为了及时掌握单位经济活动状况，现金、银行存款日记账、明细账必须逐笔登记，并结出当日余额，以掌握收、支计划的执行情况。

（4）必须连续登记，不得跳行、隔页，不得随便更换账页和撕扯账页。现金、银行存款日记账采用订本式账簿，其账页不得以任何理由撕去，作废的账页也应标注"作废"二字后留在账簿中。在一个会计年度内，账簿尚未用完时，不得以任何借口更换账簿或重抄账页。记账时必须按页次、行次、位次顺序登记，不得跳行或隔页登记，如不慎发生跳行、隔页时，应在空页或空行中间划线加以注销，或注明"此行空白""此页空白"字样，并由记账人员盖章，以示负责。

（5）文字和数字必须整洁清晰，准确无误。在登记书写时，不得使用简化字，不得使用同音异义字，不得写怪字体；摘要文字紧靠相应行格左线；数字要写在"金额"栏内，不得越格错位、参差不齐；文字、数字字体大小适中，紧靠下线书写，上面要留有适当空距，一般应占格宽的1/2，以备记错数字时按规定的方法改正。记录金额时，如为没有角分的整数，应分别在角分栏内写上"0"，不得省略不写，或以"—"代替。阿拉伯数字一般可自左向右适当倾斜，以使账簿记录整齐、清晰。

（6）使用钢笔，以蓝、黑色墨水书写，不得使用圆珠笔或铅笔书写。但按照红字冲账凭证冲销错误记录及会计制度中规定用红字登记的业务，可以用红色墨水记账。

（7）每一账页记完后，必须按规定转页。为便于计算账簿中连续记录的累计数额，并使前后账页的合计数据相互衔接，在每一账页登记完毕结转下页时，应结出本页发生额合计数及余额，写在本页最后一行和下页第一行的有关栏内，并在"摘要"栏注明"过次页"和"承前页"字样。也可以在本页最后一行用铅笔字结出发生额合计数和余额，核对无误后，用蓝、黑色墨水在下页第一行写出上页的发生额合计数及余额，在"摘要"栏内写上"承前页"字样，不再在本页最后一行写"过次页"的发生额和余额。

（8）每月月末必须按规定结账。结账即将一定时期内所发生的各项经济业务全部登记入账，并结出本期发生额和余额。但现金日记账不得出现贷方余额（或红字余额）。

（9）记录发生错误时，必须按规定方法更正。为了提供在法律上有证明效力的核算资料，保证日记账的合法性，账簿记录不得随意涂改，严禁刮、擦、挖、补，或使用化学药物清除字迹。发现差错必须根据差错的具体情况采用划线更正、红字更正、补充登记等方法更正。

三、归档

年度终了，合作社要及时整理会计账簿，装订成册，随同合作社经济合同或协议、各项财务计划及盈余分配方案，各种会计凭证、账簿和会计报表，会计人员交接清单、会计档案销毁清单等会计档案资料归档保管。合作社要建立会计档案柜，实行统一管理，专人负责，做到完整无缺、存放有序、方便查找。会计档案保管期限见表1-2。

表1-2　会计档案保管期限

序号	档案名称	保管期限	备注
一	会计凭证		
1	原始凭证	30年	
2	记账凭证	30年	
二	会计账簿		
3	总账	30年	
4	明细账	30年	
5	日记账	30年	
6	固定资产卡片		固定资产报废清理后保管5年
7	其他辅助性账簿	30年	
三	财务会计报告		
8	月度、季度、半年度财务会计报告	10年	
9	年度财务会计报告	永久	
四	其他会计资料		
10	银行存款余额调节表	10年	
11	银行对账单	10年	
12	纳税申报表	10年	
13	会计档案移交清册	30年	
14	会计档案保管清册	永久	
15	会计档案销毁清册	永久	
16	会计档案鉴定意见书	永久	

第二章　基本会计业务核算

第一节　筹集资金的核算

合作社筹集资金业务的核算主要涉及股金、资本公积、长短期借款、库存现金、银行存款5个会计科目。

一、股金的核算

核算说明：股金是合作社成员实际投入合作社的各种资产的价值。它是进行生产经营活动的前提，也是合作社成员分享权益和承担义务的依据之一。合作社根据有关法律、法规规定，可以采取多种形式筹集股金。农民专业合作社成员股金可以用货币出资，也可以用实物、知识产权等能够用货币估价并可以依法转让的非货币财产作价出资。成员以非货币财产出资的，由全体成员评估作价即可，无须经过中介机构评估或验资。如土地入股，应按照章程或补充协议的规定计价操作。

合作社股金分为个人股金和法人股金。个人股金指合作社成员以个人合法财产投入合作社形成的股金。法人股金指法人单位投入合作社形成的股金。

资本公积是合作社成员投入、但不能构成"股金"的资金部分，与合作社的盈余无关。

合作社收到成员入社投入的资产，以双方确认的价值与按享有合作社注册股金的份额计算的金额的差额，计入资本公积；对外投资中，资产重估确认价值与原账面净值的差额计入资本公积；资产重估增值也计入资本公积。

"资本公积"贷方登记由于上述情况溢价增加的资本公积，借方登记按规定转增股金等因素减少的资本公积。

例 1： 合作社由 4 个农民和 1 个企业公司共同投资组建，根据合作社章程和工商注册提供的成员出资清册（现金）为：张某 5 000 元，李某 8 000 元，王某 5 000 元，赵某 10 000 元，甲公司 22 000 元，共计 50 000 元。则：

　　借：现金　　　　　　　　50 000
　　　　贷：股金——张某　5 000（占 10%）
　　　　　　　　——李某　8 000（占 16%）
　　　　　　　　——王某　5 000（占 10%）
　　　　　　　　——赵某 10 000（占 20%）
　　　　　　　　——甲公司
　　　　　　　　　　　　22 000（占 44%）

若以后有成员退社，进社的成员，可按约定的比例计算股金，差额计入"资本公积"。

例 2： 2017 年 1 月 6 日，合作社成立时，收到成员单位投入加工机械一套，账面价值 35 000 元，双方确认价值 30 000 元，协议约定其享有合作社注册资本的份额计算的金额为 25 000 元。会计分录为：

　　借：固定资产　　　　　　35 000
　　　　贷：股金——法人股金　25 000
　　　　　　累计折旧　　　　　5 000
　　　　　　资本公积　　　　　5 000

二、长短期借款的核算

（一）短期借款

核算说明： 短期借款是指合作社从银行等金融机构及外部单位和个人借入的期限在 1 年以下（含 1 年）的各项借款。

例 3： 2017 年 2 月 20 日，合作社向开户行贷款 500 000 元，办理贷款手续后，资金划入银行账户内，贷款期限为 6 个月，年利率为 5.85％，到期本息一起支付。

（1）2017 年 2 月 20 日，资金借入到账：

　　借：银行存款　　　　　　　500 000

　　　贷：短期借款——×银行　　500 000

（2）2017 年 8 月 19 日，到期归还贷款和利息〔利息＝（500 000×5.85％×6）÷12＝14 625（元）〕：

　　借：其他支出——利息支出　14 625

　　　短期借款　　　　　　　500 000

　　　贷：银行存款　　　　　　　　514 625

（二）长期借款

核算说明： 长期借款是指合作社从银行等金融机构及外部单位和个人借入的期限在 1 年以上（不含 1 年）的各项借款。长期借款一般是合作社为满足正常生产经营活动和为成员提供服务需要而借入款项或赊购物资形成的借款，一般用于重要项目建设以及一些项目配套等。本账户期末贷方余额反映合作社尚未归还和偿付的长期借款总额。长期借款要按借款单位和个人设置明细账户，进行明细分类核算。

例4： 2017 年 2 月 21 日，合作社向某单位借款 100 000 元，办理借款手续后，资金当日划入银行账户内，贷款期限为两年，年利率为 5.85％，每年度 2 月 20 日付息一次。

（1）2017 年 2 月 21 日，资金借入到账：

借：银行存款　　　　　　　　100 000
　　贷：长期借款——×单位　　100 000

（2）2018 年 2 月 10 日，按期计提长期借款利息［利息＝100 000×5.85％＝5 850（元）］：

借：其他支出　　　　　　　　5 850
　　贷：应付款——×单位　　　5 850

（3）2018 年 2 月 20 日，支付长期借款利息：

借：应付款——×单位　　5 850
　　贷：银行存款　　　　　5 850

（4）2019 年 2 月 10 日，按期计提长期借款利息［利息＝100 000×5.85％＝5 850（元）］：

借：其他支出　　　　　　　　5 850
　　贷：应付款——×单位　　　5 850

（5）2019 年 2 月 20 日，支付长期借款利息：

借：应付款——×单位　　5 850
　　贷：银行存款　　　　　5 850

（6）2019 年 2 月 20 日，归还借款：

借：长期借款——×单位　　100 000
　　贷：银行存款　　　　　　100 000

第二节　专项资金的核算

合作社专项资金分别为财政补助项目资金、项目贷款贴息和农业生产补贴等，主要涉及专项应付款、专项基金两个会计科目。

一、财政补助项目资金的核算

核算说明：专项应付款是指合作社收到的具有专门用途的款项，目前主要是国家为扶持引导合作社发展，由国家财政直接补助的资金。

合作社收到的财政直接补助资金，作为费用消耗掉的部分，直接计入当期损益；形成的资产，在日常生产经营服务中，由合作社自主支配，但在解散、破产清算时，不得作为可分配剩余资产分配给成员，要按国务院相关主管部门制定的办法处置。

"专项应付款"账户全面反映专项应付款的取得、使用和结存状况。该账户贷方登记取得专项应付款的数额；借方登记使用专项应付款的数额；期末贷方余额反映结存专项应付款的数额。该账户按用途设置明细账户，进行明细分类核算。

（一）合作社收到财政补助的项目资金

例 5：2018 年 3 月 29 日，合作社收到标准冷库建设项目财政补助资金 500 000 元。

借：银行存款　　　　　　500 000
　　贷：专项应付款——冷库项目
　　　　　　　　　　　　　500 000

（二）合作社使用项目资金

1. 形成固定资产、牲畜（禽）资产、农业资产、无形资产等

例6：合作社用项目财政补助资金支付购买专用设备50 000元。

借：固定资产——专用设备　50 000

贷：银行存款　　　　　　　 50 000

同时，将项目财政补助资金用于购买固定资产的部分，转入专项基金。

借：专项应付款　　　50 000

贷：专项基金　　　　 50 000

2. 不形成固定资产、农业资产、无形资产等

例7：合作社用项目财政补助资金支付成员考察学习费用25 000元。

借：专项应付款　　　25 000

贷：银行存款　　　　 25 000

二、贷款贴息的核算

例8：合作社收到上级主管部门为扶持合作社发展而补贴的贷款利息补助资金150 000元。

借：银行存款　　　　　　　150 000

贷：其他收入——贴息收入　150 000

三、农业补贴的核算

例9：合作社收到财政给予的种植用种子补贴 220 000元。

借：银行存款　　　　　220 000
贷：其他收入——补贴收入 220 000

第三节　应收应付款项的核算

合作社应收应付款的核算主要涉及成员往来、应收款和应付款 3 个会计科目。

一、成员往来的核算

核算说明："成员往来"科目核算合作社与本社成员发生的各种经济往来业务。合作社与成员发生各种应收及暂付款项时，借记"成员往来"科目，贷记相关科目；合作社与成员发生各种应付及暂收款项时，借记相关科目，贷记"成员往来"科目。

例10：合作社向 A 成员提供合作社自己培育的西瓜种苗一批，价值 1 000 元，未收到 A 成员种苗款。

借：成员往来——A 成员　　　1 000
贷：经营收入　　　　　　　　1 000

例 11：合作社收购 A 成员种植的西瓜 2 500 千克，协议价 4 元/千克，未支付 A 成员货款。

借：产品物资——西瓜　　　　10 000

贷：成员往来——A 成员　　　　10 000

二、应收款的核算

核算说明： 应收款科目主要核算合作社与外部单位和外部个人的各种应收及暂付款项。

例 12：2018 年 5 月 10 日，合作社将西瓜 2 500 千克销售给 B 电商，协议价 6 元/千克，B 电商未支付货款。2018 年 6 月 30 日，合作社收到 B 电商银行转账货款 15 000 元。

（1）2018 年 5 月 10 日销售时：

借：应收款——B 电商　　　　15 000

贷：经营收入　　　　　　　　15 000

（2）2018 年 6 月 30 日收到货款时：

借：银行存款　　　　　　　　15 000

贷：应收款——B 电商　　　　15 000

三、应付款的核算

核算说明： 应付款科目主要核算合作社与外部单位和外部个人的各种应付及暂收款项。

例 13：2018 年 5 月 10 日，合作社销售西瓜时租用 C 公司卡车一辆，运费 2 000 元，协议年底结算。

　　借：经营支出　　　　　　　2 000

　　　贷：应付款——C 公司　　　2 000

第四节　农业资产的核算

合作社农业资产的核算主要涉及牲畜（禽）资产、林木资产两个会计科目。

一、牲畜（禽）资产的核算

1. 购入幼畜及育肥畜时，按购买价及相关税费计价入账

例 14：合作社 2018 年 1 月 2 日购入幼畜猪 200 头，500 元/头，以银行存款付清，运费 2 000 元暂欠。

　　借：牲畜（禽）资产——幼畜及育肥畜（幼畜猪）

　　　　　　　　　　　　　　102 000

　　　贷：银行存款　　　　　　100 000

　　　　应付款——×运输公司　　2 000

2. 幼畜及育肥畜发生的饲养费用

例 15：合作社 2018 年 3 月 30 日发生下列费用：养猪人员工资 30 000 元，仔猪消耗饲料 60 000 元。

　　借：牲畜（禽）资产——幼畜及育肥畜（幼畜猪）

　　　　　　　　　　　　　　90 000

> 贷：应付工资   30 000
>
>   产品物资——饲料   60 000

3. 幼畜成龄转作产役畜时，按实际成本结转

> **例 16**：2018 年 3 月 30 日，合作社购买的 200 头幼畜猪已经成龄为母猪，转化为产疫畜。
>
>   借：牲畜（禽）资产——产疫畜（母猪）
>
>   192 000
>
>   贷：牲畜（禽）资产——幼畜及育肥畜（幼畜
>
>   猪）   192 000
>
>   [102 000＋90 000＝192 000（元）]

4. 产役畜的饲养费用计入经营支出

> **例 17**：2018 年 4 月 30 日，母猪消耗饲料 20 000 元，饲养人员工资 10 000 元。会计分录为：
>
>   借：经营支出   30 000
>
>   贷：应付工资   10 000
>
>   产品物资   20 000

5. 按照直线法分期摊销成本

> **例 18**：合作社从 2018 年 5 月开始，按月摊销产疫畜（母猪）成本，预计养殖 4 年，净残值率按照产疫畜成本的 5% 确定。
>
>   每年应摊销金额＝192 000×（1－5%）÷4＝45 600（元）
>
>   每月应摊销金额＝45 600÷12＝3 800（元）
>
>   借：经营支出   3 800
>
>   贷：牲畜（禽）资产——产役畜（母猪）
>
>   3 800

6. 产役畜出售

例 19：合作社 2018 年 6 月 30 日，出售 50 头母猪，每头 2 000 元，收到对方转账货款 50 000 元，尚欠 50 000 元。

借：银行存款　　　　　　　50 000

　　应收款——×单位　　　50 000

　　贷：经营收入——物资销售收入

　　　　　　　　　　　　　　　100 000

同时结转成本［（192 000÷200×50）－（3 800÷200×50×2）＝46 100（元）］：

借：经营支出　　　　　　　46 100

　　贷：牲畜（禽）资产——产役畜（母猪）

　　　　　　　　　　　　　　　46 100

7. 牲畜（禽）资产对外投资

按合同、协议确定的价值与牲畜（禽）资产账面价值的差额，借记或贷记资本公积。

例 20：合作社 2018 年 6 月 30 日，用 50 头母猪对×合作联社进行投资，协议每头价值 2 000 元。

借：对外投资——×合作联社

　　　　　　　　　　　　　100 000

　　贷：牲畜（禽）资产——产役畜（母猪）

　　　　　　　　　　　　　　　46 100

　　　　资本公积　　　　　53 900

8. 牲畜（禽）资产死亡毁损

例 21： 合作社 2018 年 6 月 30 日，死亡母猪 1 头，经确认是饲养员过失所致，饲养员赔偿 800 元。会计分录为：

　　借：其他支出　　　　　　　　122
　　　　应收款　　　　　　　　　800
　　　　贷：牲畜（禽）资产——产役畜（母猪）
　　　　　　　　　　　　　　　　922

　　[192 000÷200－3 800÷200×2＝922（元）]

二、林木资产的核算

林木资产分为经济林木和非经济林木两类。其核算与牲畜（禽）资产类似。

1. 经济林木

（1）合作社购入经济林木时，按购买价及相关税费计价入账。

　　借：林木资产——经济林木
　　　　贷：库存现金、银行存款、应付款等科目

（2）购入或营造的经济林木投产前发生的培植费用。

　　借：林木资产——经济林木
　　　　贷：应付工资、产品物资等科目

（3）经济林木投产后发生的管护费用，不再计入"林木资产"科目。

　　借：经营支出
　　　　贷：应付工资、产品物资等科目

（4）经济林木投产后，其成本扣除预计残值后的部分应在其正常生产周期内，按照直线法摊销。

　　借：经营支出

贷：林木资产——经济林木

2. 非经济林木

（1）合作社购入非经济林木时，按购买价及相关税费计价入账。

借：林木资产——非经济林木

贷：库存现金、银行存款、应付款等科目

（2）购入或营造的非经济林木在郁闭前发生的培植费用。

借：林木资产——非经济林木

贷：应付工资、产品物资等科目

（3）非经济林木郁闭后发生的管护费用，不再计入"林木资产"科目。

借：其他支出

贷：应付工资、产品物资等科目

第五节　固定资产的核算

合作社的固定资产是指使用年限一年以上、单位价值在 500 元以上的房屋、建筑物、机器、设备、工具、器具和农业基本建设设施等劳动资料。合作社固定资产的核算分为购入、自行建造、投入、捐赠、折旧、清理等，主要涉及固定资产、在建工程、累计折旧、固定资产清理 4 个会计科目。

一、购入固定资产的核算

（一）购入不需要安装的固定资产

核算说明： 购入不需要安装的固定资产，按原价加采购费、包装费、运杂费、保险费和相关税金等计入"固定资产"科目。

例 22：2018 年 5 月 30 日，合作社委托某采购公司购买饲料粉碎机一台，单价 1 000 元，税金 170 元，包装费 50 元，运费 180 元，搬运工工资 50 元，另支付采购公司采购费 117 元，用银行存款支付。

借：固定资产——饲料粉碎机 1 567

贷：银行存款 1 567

（二）购入需要安装的固定资产

例 23：2018 年 5 月 30 日，合作社购入需要安装的饲料加工设备一台，单价 10 000 元，税金 1 700 元，运费 1 000 元，搬运工工资 500 元，安装费用 1 500 元，用银行存款支付。

购入后，开始安装。

借：在建工程——饲料加工设备

14 700

贷：银行存款 14 700

2018 年 5 月 31 日，安装完毕交付使用时，按照其实际成本结转。

借：固定资产——饲料加工设备

14 700

贷：在建工程——饲料加工设备

14 700

二、自行建造固定资产的核算

合作社自行建造固定资产可分为自己组织力量建造和发包建

造两种。

1. 自己建造

例 24：合作社建造饲料加工车间一座，用银行存款支付建造材料一批 350 000 元，建造过程中领用建筑材料 320 000 元，银行存款支付建筑工人工资 50 000 元，银行存款支付工程水电费 5 000 元。工程完工，验收合格后交付使用。会计分录为：

（1）用银行存款支付建造材料：

    借：库存物资   350 000

        贷：银行存款   350 000

（2）领用建筑材料：

    借：在建工程——加工车间 320 000

        贷：库存物资   320 000

（3）支付建筑工人工资：

    借：在建工程——加工车间 50 000

        贷：银行存款   50 000

（4）支付工程水电费：

    借：在建工程——加工车间 5 000

        贷：银行存款   5 000

（5）验收合格后交付使用：

    借：固定资产——加工车间 375 000

        贷：在建工程——加工车间 375 000

2. 发包建造

例 25：合作社建造饲料加工车间一座，发包给建筑公司，工程价款 450 000 元。预付工程价款 300 000 元，车间建成工程完工验收合格后，补付剩余工程价款 150 000 元。

会计分录为：

（1）以银行存款预付工程价款时：

借：在建工程——加工车间 300 000

贷：银行存款 300 000

（2）工程完工验收合格后，以银行存款补付剩余工程价时：

借：在建工程——加工车间 150 000

贷：银行存款 150 000

（3）结转工程成本时：

借：固定资产 450 000

贷：在建工程——加工车间 450 000

对不形成固定资产的工程支出，如修路、维护农业基本设施等，应结转"经营支出""其他支出"等账户。

三、投入固定资产的核算

新成员入社投入的固定资产，按各方确认的价值，计入"固定资产"科目的借方，按照经过批准的新成员所拥有以合作社注册资本份额计算的资本金额，计入"股金"科目贷方，按照两者之间的差额，计入"资本公积"科目。

借：固定资产

借或贷：资本公积

贷：股金

四、捐赠固定资产的核算

核算说明：计算合作社接受捐赠固定资产，以市场同类产品估价加上由合作社负担的各项费用。

捐赠的固定资产分三种情况：收到捐赠的全新固定资产，按照所附发票所列金额加上应支付的相关税费作为固定资产成本；如果捐赠方未提供有关凭据，则按其市价或同类、类似固定资产的市场价格估计的金额，加上由合作社负担的运输费、保险费、安装调试费等作为固定资产成本；收到捐赠的旧固定资产，按照经过批准的评估价值或双方确认的价值作为固定资产成本。

例 26：合作社接受某单位捐赠已使用过的地秤一台，原价 4 500 元，目前市场同类产品估价 3 500 元，合作社负担运费 200 元。会计分录为：

借：固定资产——地秤　　　3 700

贷：专项基金　　　　　　3 700

五、固定资产计提折旧的核算

核算说明：对固定资产应计提折旧，但鉴于农业生产的特点，对路、桥、渠等农业基础设施可以不提折旧。其他固定资产计提折旧时，借记"生产成本""经营支出""管理费用""其他支出"科目，贷记"累计折旧"。

例 27：2018 年 6 月 2 日，合作社购入电脑 1 台，价值 4 500 元，预计使用 5 年，残值率 5%，从 2018 年 7 月开始，每月计提折旧。

借：管理费用　　　　　　356.25
　　贷：累计折旧　　　　　　　356.25
[4 500×（1－5％）÷12＝356.25（元）]

六、固定资产清理的核算

核算说明： 固定资产出售、报废、毁损，投资转出固定资产，捐赠转出固定资产都需要对固定资产进行清理。盘亏固定资产在"其他支出"科目进行核算。

1. 固定资产转入清理

借：固定资产清理
　　累计折旧
　　贷：固定资产

2. 支付清理费用

借：固定资产清理
　　贷：银行存款、库存现金

3. 出售收入

借：银行存款、应收款
　　贷：固定资产清理

4. 赔偿

借：成员往来、应收款
　　贷：固定资产清理

5. 结转清理

净盈余：

借：固定资产清理
　　贷：其他收入

净损失：

借：其他支出

贷：固定资产清理

第六节　无形资产的核算

合作社无形资产的核算分为购入、自行开发、投入、捐赠、摊销等，主要涉及无形资产1个会计科目。

无形资产应按取得时的实际成本计价。合作社按下列原则确定取得无形资产的实际成本，登记入账。

一、购入无形资产的核算

自己购入的无形资产按实际支付的价款入账。

借：无形资产

贷：库存现金、银行存款等科目

二、自行开发无形资产的核算

自行开发的无形资产按依法取得时发生的注册费、律师费等实际支出入账。

借：无形资产

贷：库存现金、银行存款等科目

三、捐赠无形资产的核算

接受捐赠的无形资产按照所附发票所列金额加上应支付的相关税费入账；无所附单据的，按经过批准的价值入账。

借：无形资产

　　贷：专项基金

四、投入无形资产的核算

投资者投入的无形资产按照投资各方确认的价值入账。

借：无形资产

借或贷：资本公积（按两者之间的差额计）

　　贷：股金（按经过批准的投资者所应拥有的以合作
社注册资本份额计算的资本金额计）

五、无形资产摊销的核算

无形资产从使用之日起，按直线法分期平均摊销，摊销年限不应超过 10 年。

借：管理费用

　　贷：无形资产

第七节　存货的核算

合作社存货的核算主要涉及产品物资、生产成本、委托加工物资、委托代销商品、受托代销商品、受托代购商品 6 个会计科目。

一、产品物资的核算

核算说明： 农产品生产周期较长，收获期比较集中，各项费用和用工发生不均匀，农产品成本通常应按产品生产周期计算。

发生各项生产费用和劳务服务成本时，要按成本对象归集和分配生产费用，能够分清属于某种产品负担的，就直接归集计入该种产品成本，不能区分的，可采用一定方法分配计入产品生产成本。

1. 材料

（1）外购。合作社购入材料验收入库时，按实际支付的价款入账。

借：产品物资——×材料

贷：银行存款、库存现金、应付款

（2）自产材料。合作社自产材料或委托外单位加工完成的材料验收入库时，按实际成本入账。

借：产品物资——×材料

贷：生产成本、委托加工物资

（3）生产领用材料。合作社在生产经营过程中领用材料时，按材料的实际成本入账。

借：生产成本、管理费用、在建工程等

贷：产品物资——×材料

（4）销售材料。合作社销售材料时，按实现的销售收入入账。

借：库存现金、银行存款、应收款等

贷：经营收入（主料）、其他收入（辅料）等

按已销售产品物资的实际成本，结转产品物资。

借：经营支出（主料）、其他支出（辅料）

贷：产品物资——×材料

2. 低值易耗品

（1）购入。合作社购入低值易耗品验收入库时，按实际支付的价款入账。

借：产品物资——低值易耗品

贷：库存现金、银行存款、应付款等

（2）领用。合作社领用低值易耗品验收出库时，按实际成本入账。

借：生产成本、管理费用等

贷：产品物资——低值易耗品

3. 包装物

（1）购入。合作社购入包装物验收入库时，按实际支付的价款入账。

借：产品物资——包装物

贷：库存现金、银行存款、应付款等

（2）销售。合作社的包装物随商品进行销售时，可与商品合并计价。同时结转包装物成本。借记"库存现金""银行存款""应收款"等，贷记"经营收入"等。同时，借记"经营支出"，贷记"产品物资——包装物"。

> **例 28**：2018 年 6 月 10 日，草莓合作社销售草莓 20 盒，每盒 150 元，已收货款现金 3 000 元。草莓每盒成本 100元，每个包装盒成本 5 元。
>
> 借：库存现金　　　　　　　3 000
>
> 　　贷：经营收入　　　　　　　　3 000
>
> 借：经营支出　　　　　　　2 100
>
> 　　贷：产品物资——草莓　　　　 2 000
>
> 　　　　产品物资——包装盒　　　　 100

4. 产成品

合作社产成品入库时，按产品生产过程中实际发生的全部成本入账。

借：产品物资——产成品

贷：生产成本等

合作社产成品出库时，按产品实际成本入账。

借：银行存款、库存现金、应收款等
　　贷：产品物资——产成品

二、委托加工物资的核算

核算说明：本科目核算合作社委托外单位加工的各种物资的实际成本。

发给外单位加工的物资，借：委托加工物资，贷：产品物资。

合作社支付的加工费用、应负担的运杂费等，借：委托加工物资，贷：银行存款。

加工完成验收入库，借：产品物资，贷：委托加工物资。

例 29：合作社加工蜂蜜饮料，委托外单位进行灌装，发出蜂蜜原料 50 000 元，辅助材料 10 000 元，应负担加工费用 5 000 元，路途运输费用 1 000 元。会计分录为：

（1）发出委托加工物资：

借：委托加工物资——蜂蜜饮料

60 000

贷：产品物资——蜂蜜　　50 000

——辅助材料　10 000

（2）支付运杂费、加工费用：

借：委托加工物资——蜂蜜饮料

6 000

贷：银行存款　　　　　6 000

（3）收回委托加工物资：

借：产品物资——蜂蜜饮料　66 000

贷：委托加工物资——蜂蜜饮料

66 000

三、委托代销商品的核算

核算说明：本科目核算合作社委托外单位销售的各种商品的实际成本。

发给外单位销售的商品，借：委托代销商品，贷：产品物资。

收到代销单位报来的代销清单时，借：应收款，贷：经营收入。

结算手续费，结转成本，借：经营支出，贷：委托代销商品、应付款等。

例 30：合作社委托超市销售 500 箱鸡蛋。每箱鸡蛋成本为 40 元，零售价每箱 50 元。协议按销售收入的 5％作为手续费。会计分录为：

（1）发出 500 箱鸡蛋时：

　　　借：委托代销商品——鸡蛋　20 000

　　　　　贷：产品物资——鸡蛋　　　20 000

（2）收到已销售 500 箱鸡蛋的清单时：

　　　借：应收款——超市　　　25 000

　　　　　贷：经营收入——鸡蛋　　　25 000

结转成本：

　　　借：经营支出　　　　　20 000

　　　　　贷：委托代销商品——鸡蛋　20 000

（3）提取手续费：

　　　借：经营支出　　　　　　1 250

　　　　　贷：应收款——超市　　　　1 250

（4）实际收到销售款：

　　　借：银行存款　　　　　23 750

　　　　　贷：应收款——超市　　　　23 750

四、受托代销商品的核算

核算说明：本科目核算合作社接受委托代销商品的实际成本。

收到委托代销商品时，借：受托代销商品，贷：成员往来、应付款等。

售出受托代销商品时，借：库存现金、银行存款、应收款等，贷：受托代销商品。

按实际收到价款与合同或协议约定价格差额，借：银行存款，贷：经营收入；或借：经营支出，贷：受托代销商品。

例31：2018 年 5 月 20 日，合作社接受本社社员王某委托代销西瓜 2 000 千克，协议每千克 1.80 元，货物售出后结清。合作社当月实现对外销售，每千克 2.40 元，货款已收存入银行，并用现金结清往来。

（1）收到委托代销产品时：

借：受托代销商品——西瓜　　3 600

　　贷：成员往来——王某　　　3 600

（2）售出商品时：

借：银行存款　　　　　　　　4 800

　　贷：经营收入（与开出发票相符）

　　　　　　　　　　　　　　4 800

（3）结转成本：

借：经营支出　　　　　　　　3 600

　　贷：受托代销商品——西瓜　3 600

（4）与王某结算：

借：成员往来——王某　　　　3 600

　　贷：库存现金　　　　　　　3 600

五、受托代购商品的核算

核算说明： 受托代购商品科目核算合作社接受委托代购商品的实际成本。

收到受托代购商品款时，借：库存现金、银行存款，贷：成员往来、应付款。

受托代购商品时，借：受托代购商品，贷：库存现金、银行存款、应付款。

将受托代购商品交付给委托方时，借：成员往来、应付款等，贷：受托代购商品；如受托代购商品收取手续费，借：成员往来、应收款等，贷：经营收入。

收到手续费时，借：库存现金、银行存款等，贷：成员往来、应收款等。

例32： 合作社接受成员万某委托，统一购买复合肥1 000千克，并收到万某委托购买复合肥款现金33 000元，合作社当月用银行存款购买复合肥1 000千克，成本每千克3.20元，并将复合肥交付给万某。

（1）收到委托款：

  借：库存现金   33 000

    贷：成员往来——万某 33 000

（2）合作社购买复合肥：

  借：受托代购商品——复合肥32 000

    贷：银行存款   32 000

（3）交付万某时，并结清款项：

  借：成员往来——万某 33 000

> 贷：受托代购商品——复合肥 32 000
> 库存现金　　　　　　　 1 000

第八节　收入支出的核算

合作社收入支出的核算主要涉及经营收入、其他收入、应收款、投资收益、对外投资、本年盈余、经营支出、管理费用、应付工资、成员往来、应付款、其他支出 12 个会计科目。

一、收入的核算

合作社收入的确认，实际上是指收入在什么时候记账，并在盈余及盈余分配表上反映。合作社销售农产品，一般于该农产品已经发出，同时收讫价款或取得收取价款的凭据时，确认收入的实现。农民专业合作社在实际收讫利息、违约金等款项时，确认其他收入的实现。

（一）经营收入的核算

合作社应按经营收入项目分别设置"农产品销售收入""物资销售收入""委托代销商品收入""受托代购商品收入""受托代销商品收入""租赁收入""服务收入""劳务收入"等明细账户，进行明细分类核算。

合作社实现经营收入时，应按实际收到或应收的价款，借：库存现金、银行存款、应收款、成员往来等科目，贷：经营收入；同时结转成本，借：经营支出，贷：产品物资、委托代销商品、受托代购商品、受托代销商品、生产成本等。

年终结转，借：经营收入，贷：本年盈余。

（二）其他收入的核算

合作社其他收入主要包括罚款收入、违约金收入、利息收入、产品物资盘盈收入、贴息收入以及补贴收入等。

合作社发生其他收入时，借：库存现金、银行存款等科目，贷：其他收入。

年终结转，借：其他收入，贷：本年盈余。

（三）投资收益的核算

合作社取得投资收益时，借：库存现金、银行存款等科目，贷：投资收益。

到期收回或转让对外投资时，按实际取得的价款，借：库存现金、银行存款等科目，贷：对外投资（按原账面余额），借或贷：投资收益（按实际取得价款和原账面余额的差额）。

年终结转净收益，借：投资收益，贷：本年盈余；如为净损失，借：本年盈余，贷：投资收益。

> **例 33**：2018 年 6 月 7 日，合作社出售本社生产的西瓜一批，收取价款 4 500 元，入库成本为 3 500 元。
>
> （1）销售产品：
>
> 　　借：银行存款　　　　　　　　4 500
>
> 　　　　贷：经营收入——农产品销售收入（西瓜）
>
> 　　　　　　　　　　　　　　　　4 500
>
> （2）结转成本：
>
> 　　借：经营支出——农产品销售支出（西瓜）
>
> 　　　　　　　　　　　　　　　　3 500
>
> 　　　　贷：生产成本或产品物资——西瓜
>
> 　　　　　　　　　　　　　　　　3 500

二、支出的核算

核算说明：合作社的支出主要包括经营支出、管理费用和其他支出等，具体又可以分为两大类：一类是经营性支出，是指与主要生产经营活动直接相关的支出；另一类是非经营性支出，是指与主要生产经营活动没有直接关系的支出。

（一）经营支出的核算

经营支出主要核算合作社为成员提供服务，农产品销售、加工、运输、贮藏以及与农业生产经营有关的技术、信息等服务发生的支出。

合作社发生经营支出时，借：经营支出，贷：产品物资、生产成本、应付工资、成员往来、应付款等科目。

年终结转，借：本年盈余，贷：经营支出。

（二）管理费用的核算

管理费用主要核算合作社管理人员的工资、办公费、差旅费、管理用固定资产折旧、业务招待费、无形资产摊销等费用。

合作社发生管理费用时，借：管理费用，贷：应付工资、库存现金、银行存款、累计折旧、无形资产等科目。

合作社对外签订购销合同，若需要缴纳印花税，借：管理费用——印花税，贷：现金、银行存款。

年终结转，借：本年盈余，贷：管理费用。

（三）其他支出的核算

其他支出主要核算合作社为借款而发生的利息支出、公益性固定资产折旧、农业资产的死亡毁损支出、固定资产及产品物资的盘亏、防汛抢险支出、无法收回的应收款项、罚款支出、保险费以及土地流转（租赁）费等。

合作社发生其他支出时，借：其他支出，贷：库存现金、银行存款、产品物资、累计折旧、应付款、固定资产清理等科目。

年终结转，借：本年盈余，贷：其他支出。

例 34：合作社维修生产用农机具，现金支付维修费 1 000 元。

借：经营支出　　　　　　1 000

贷：现金　　　　　　　　　　1 000

例 35：合作社提取并支付本月管理人员工资 4 500 元。

（1）提取工资时：

借：管理费用——管理人员报酬

4 500

贷：应付工资　　　　　4 500

（2）支付工资时：

借：应付工资　　　　　4 500

贷：库存现金　　　　　4 500

第九节　成员分配的核算

成员分配主要涉及盈余分配、应付盈余返还、应付剩余盈余、盈余公积 4 个会计科目。

成员分配有两次，第一次称为应付盈余返还，第二次称为应付剩余盈余。成员分配程序按章程规定操作，由理事会提出分配方案，经成员大会或成员代表大会 2/3 以上通过后实施。

一、应付盈余返还的核算

核算说明：

（1）应付盈余返还的内容。应付盈余返还是合作社在弥补亏损、提取盈余公积后的当年可分配盈余。合作社根据章程规定的盈余分配方案，按成员与本社交易量（额）提取返还盈余。法律上明确规定返还给成员的盈余不得低于可分配盈余的 60%，具体的盈余返还应根据合作社生产经营需要，由章程规定或成员大会决议确定返还比例。

（2）账户属性。"应付盈余返还"账户用于全面反映合作社应付盈余返还的分配、支付情况。贷方登记合作社按成员与本社交易量（额）的一定比例返还给成员的可分配盈余的金额，借方登记合作社按成员与本社交易量（额）的一定比例实际支付给成员的可分配盈余的金额，期末贷方余额反映合作社尚未支付的盈余返还。该账户按与本社有交易的成员设置明细账户，进行明细核算。

> **例 36：**2018 年末，合作社将弥补亏损、提取公积金后的当年可分配盈余 100 000 元进行分配。章程规定，每个会计年度内实现的可分配盈余的 80% 按照交易额返还给成员。根据成员账户记载，当年成员与本社的交易总额为 500 000元，甲、乙、丙、丁 4 个成员与本社的交易额分别为 60 000元、130 000 元、150 000 元、160 000 元。
>
> （1）计算出当年可分配盈余中应返还给与本社有交易的成员的总额为 100 000×80%＝80 000（元）。
>
> （2）计算出每个成员与本社的交易额占全部成员与本社交易额的比重：

甲：60 000÷500 000×100％＝12％

乙：130 000÷500 000×100％＝26％

丙：150 000÷500 000×100％＝30％

丁：160 000÷500 000×100％＝32％

（3）计算出应返还给与本社有交易的成员的可分配盈余金额：

甲：80 000×12％＝9 600（元）

乙：80 000×26％＝20 800（元）

丙：80 000×30％＝24 000（元）

丁：80 000×32％＝25 600（元）

（4）做出盈余返还的会计分录：

借：盈余分配——各项分配　　80 000

　　贷：应付盈余返还——甲　　　9 600

　　　　　　　　——乙　　　20 800

　　　　　　　　——丙　　　24 000

　　　　　　　　——丁　　　25 600

（5）兑现返还的盈余时：

借：应付盈余返还——甲　　　9 600

　　　　　　　——乙　　　20 800

　　　　　　　——丙　　　24 000

　　　　　　　——丁　　　25 600

　　贷：库存现金　　　　　　　80 000

二、应付剩余盈余的核算

核算说明：

（1）应付剩余盈余的内容。应付剩余盈余是相对应付盈余返还而言的，是指按成员与本社交易量（额）一定比例返还给成员可分配盈余后，剩余的可分配盈余。这部分可分配盈余在分配时，不再区分成员是否与本社有交易量（额），而是按照出资额和公积金份额以及本社接受国家财政直接补助和他人捐赠形成的财产平均量化到本社成员的份额，按比例分配给本社成员的剩余可分配盈余。具体分配办法按照合作社章程规定或者经成员大会确定。

（2）账户属性。应付剩余盈余账户全面反映应付剩余盈余的分配、支付情况。贷方登记应分配给成员的可分配盈余的金额，借方登记合作社实际支付给成员的金额，期末贷方余额反映尚未支付给成员的金额。该账户按成员设置明细账户。

　　例 37： 接例 36，按章程规定，合作社将当年可分配盈余 100 000 元的 20％对全体成员进行分配。2018 年末，合作社股金共 500 000 元，专项基金 50 000 元，公积金 50 000元（包括资本公积和盈余公积）。

　　各成员账户记载情况如下：

　　甲成员账户记载的出资额为 100 000 元、专项基金 10 000元、公积金 10 000 元；

　　乙成员账户记载的出资额为 100 000 元、专项基金 10 000元、公积金 10 000 元；

　　丙成员账户记载的出资额为 100 000 元、专项基金 10 000元、公积金 10 000 元；

　　丁成员账户记载的出资额为 100 000 元、专项基金 10 000元、公积金 10 000 元；

　　与合作社没有交易的成员戊账户记载的出资额为 100 000元、专项基金 10 000 元、公积金 10 000 元。

合作社分配剩余盈余时：

（1）计算出每个成员个人账户记载的出资额、公积金、专项基金占该社这三项总额的份额：

成员甲：（100 000＋10 000＋10 000）÷（500 000＋50 000＋50 000）×100％＝20％

成员乙：（100 000＋10 000＋10 000）÷（500 000＋50 000＋50 000）×100％＝20％

成员丙：（100 000＋10 000＋10 000）÷（500 000＋50 000＋50 000）×100％＝20％

成员丁：（100 000＋10 000＋10 000）÷（500 000＋50 000＋50 000）×100％＝20％

成员戊：（100 000＋10 000＋10 000）÷（500 000＋50 000＋50 000）×100％＝20％

（2）计算出每个成员应分配的剩余盈余金额：

成员甲：100 000×20％×20％＝4 000（元）

成员乙：100 000×20％×20％＝4 000（元）

成员丙：100 000×20％×20％＝4 000（元）

成员丁：100 000×20％×20％＝4 000（元）

成员戊：100 000×20％×20％＝4 000（元）

（3）做出分配剩余盈余的会计分录：

借：盈余分配——各项分配　　20 000

贷：应付剩余盈余——甲　　4 000

————乙　　4 000

————丙　　4 000

————丁　　4 000

————戊　　4 000

　　（4）合作社兑现应付剩余盈余时：

　　　　借：应付剩余盈余——甲　　　4 000

　　　　　　　　　　　——乙　　　4 000

　　　　　　　　　　　——丙　　　4 000

　　　　　　　　　　　——丁　　　4 000

　　　　　　　　　　　——戊　　　4 000

　　　　　贷：银行存款　　　　　　　20 000

三、盈余公积的核算

　　盈余公积是指合作社按照规定从本年盈余中提取的积累资金。主要用于扩大再生产，也可用于弥补亏损或转增股金。

（一）从本年盈余中提取盈余公积的核算

　　合作社年终进行盈余分配时，可按照章程规定或者成员大会决议按一定比例从本年盈余中提取盈余公积。合作社年终从本年盈余中提取盈余公积时，借：盈余分配——各项分配，贷：盈余公积。

（二）盈余公积转增股金的核算

　　合作社用盈余公积中的公积金转增股金时，借：盈余公积，贷：股金。

（三）盈余公积弥补亏损的核算

　　合作社用盈余公积弥补亏损时，借：盈余公积，贷：盈余分配——未分配盈余。

第十节 合作社解散的清算

合作社因章程规定的解散事由出现、成员大会决议解散及依法被吊销营业执照或者被撤销原因解散，应当在解散事由出现之日起 15 日内，由成员大会推举成员组成清算组，开启解散清算程序。

一、清算原则

（1）合作社接受国家财政直接补助形成的财产，解散清算时，不得作为可分配剩余资产分配给成员。

（2）合作社因章程规定的解散事由出现的原因解散时，不能办理成员退社手续。

（3）在清算期间，未经清算小组同意，不得处置合作社财产。清算财产包括宣布清算时合作社的全部财产及清算期间取得的财产，已依法作为担保物的财产价值等于担保债务金额的除外；担保物的财产价值大于担保债务金额的部分属于清算财产。

（4）清算中发生的财产盘盈或盘亏，财产变价净收入，因债权人原因确实无法归还的债务，确实无法收回的债权，以及清算期间的经营收益或损失等，计入清算收益或者清算损失。清算财产的作价一般以账面净值为依据，也可以重估价值或者变现收入等为依据。

（5）清算期间，成员与合作社交易形成的债权具有优先受偿的权利。合作社对其他债权人不得提前进行清偿。

（6）合作社在解散前 6 个月至终止之日的期间内，下列行为无效，清算小组有权追回其财产，作为清算财产入账：一是隐匿私分或者无偿转让财产；二是低价处理财产；三是对原来没有财产担保的债务提供财产担保；四是对未到期的债务提前清偿；五是放弃自己的债权。

二、账务处理

核算说明：

（1）账户属性。合作社解散清算时，一般设置清算费用和清算损益两个会计科目。发生清算费用时，借记清算费用、贷记银行存款、库存现金。清算结束时，借记清算损益、贷记清算费用。进行清算时，若为清算收益，借记相关科目，贷记清算损益；若为清算损失，借记清算损益，贷记相关科目。

（2）账务处理程序。一是编制解散日资产负债表；二是归集清算费用；三是核算变卖财产的损益；四是核算收回债权和清偿账务及其损益；五是核算弥补以前年度亏损；六是核算剩余财产及其分配；七是编制清算损益表、清算结束日资产负债表。

例 38： 合作社 2018 年 10 月 10 日宣告解散，合作社 10 月 20 日成立清算小组，清算小组对合作社财产进行清算。合作社账面：库存现金 30 000 元，银行存款 75 000 元，应收款 50 000 元，固定资产净值 250 000 元，应付款 80 000 元，股金 300 000 元，资本公积 20 000 元，盈余公积 15 000 元，未分配盈余 10 000 元。清算小组清算时：收回应收款 40 000 元，确认 10 000 元无法收回；变卖固定资产 220 000 元存入银行，账面净损失 30 000 元；用银行存款偿还债务 60 000 元，确认无法偿还债务 20 000 元；现金支付清算小组人员工资 15 000 元、差旅费 2 000 元、律师费 8 000 元、办公费 2 000 元。

（1）收回应收款：

借：银行存款	40 000	
清算损益	10 000	
贷：应收款		50 000

（2）变卖固定资产：

借：银行存款	220 000	
清算损益	30 000	
贷：固定资产		250 000

（3）偿还债务：

借：应付款	80 000	
贷：银行存款		60 000
清算损益		20 000

（4）发生清算费用：

借：清算费用	27 000	
贷：库存现金		27 000

结转清算费用：

借：清算损益	27 000	
贷：清算费用		27 000

（5）结转清算损益和未分配盈余：若出现清算损失时，先冲减盈余公积，不足时再冲减资本公积，还不足时再冲减股金。

借：盈余公积	15 000	
资本公积	20 000	
股金	22 000	
贷：清算损益		47 000
盈余分配——未分配盈余		10 000

（6）分配剩余财产：

借：股金　　　　　　　　278 000

　　贷：银行存款　　　　　　　　275 000

　　　　库存现金　　　　　　　　　3 000

［300 000－22 000＝278 000（元）

75 000＋40 000＋220 000－60 000＝275 000（元）

30 000－27 000＝3 000（元）］

第三章　成本核算

第一节　成本核算概述

农民专业合作社的经营业别一般为种植业、养殖业、服务业和劳务业。种植业、养殖业的产品统称为农产品。农产品是指生物资产的收获产品，是合作社从事种植生产和养殖生产经营活动的劳动成果。

农产品成本，是指农民专业合作社在生产农产品过程中所发生的农业生产资料、饲料等直接材料费、直接人工费和按规定应计入的间接费用。

成本核算是对种植业、养殖业、服务业和劳务业等生产经营过程中实际发生的成本进行归集和分配、核算和计算。核算时应区分资产成本、生产成本及销售成本。

需要说明的是，为了正确区分有关联的种养生产的资产成本与生产成本，本章涉及部分农业资产的核算。

农民专业合作社的成本，包括生产成本、服务成本和劳务成本。

一、成本核算的意义

农民专业合作社通过成本核算，一方面可以审核各项生产成本、服务和劳务成本的实际支出，分析和考核成本计划的执行情况，分析和对比实际成本的升降情况，促使农民专业合作社降低成本；另一方面，可以计算农民专业合作社的盈余，可以分析成本的构成和预测情况，有助于提高农民专业合作社的生产和经营管理水平。

二、成本核算的要求

（一）做好各项基础工作

1. 做好物资收、发、存记录

物资是农民专业合作社的生产经营之本，也是生产成本、服务和劳务成本的主要项目。

物资的收、发、存方法有永续盘存制、实地盘存制、传统做法和直接成本法等。"永续盘存制"方法即"账实核对"方法，物资的收进、发出都要登记，然后结出账存数，并与实存数核对，如有盘盈、盘亏，分析原因，及时处理；"实地盘存制"方法即"以存计耗"方法，平时物资只登记收进，不登记发出，期末或农产品收获时根据盘存数，倒算出发出成本；"传统做法"即"以存冲本"方法，平时购进物资直接作为成本，期末或农产品收获时根据盘存数，冲减发出成本；"直接成本法"即"直接成本"方法，平时购进物资直接作为成本，期末或农产品收获时也不进行盘点。其中，"永续盘存制"方法记录物资的收、发、存最准确，但较烦琐。

农民专业合作社应根据自身的客观情况，确定一个或几个物资的收、发、存方法。但无论采取何种方法，物资应指定专人负责保管，购进物资要验收数量、把关质量、审核价格，领用物资要有手续，保管物资要关注物资是否长期积压、是否时效过期，防止物资霉烂变质。为了加强物资的管理，物资仓库可采取简便实用的"双把锁"管理。

对多种类别经营或规模较大或经营管理需要的服务和劳务业

合作社，物资的收、发、存记录，应采用"永续盘存制"方法；对单一类别经营的种植业、养殖业和服务业合作社，物资的收、发、存记录，可采用"实地盘存制"方法或"传统做法"或"直接成本法"。

2. 做好出勤工时记录

出勤工时是农民专业合作社计算工资的依据，也是生产成本、服务和劳务成本的主要项目。

农民专业合作社的出勤工时，应指定专人负责记录。

种植业和养殖业，按种植、养殖大类或种类，按日记录出勤，按月汇总。

服务业和劳务业，按服务、劳务大类或种类，按日记录出勤，按月汇总。

3. 做好产量、服务量和劳务量等记录

产量、服务量和劳务量等是反映、考核农民专业合作社业绩和计算单位成本的依据，也是计算工资、奖金的依据。

农民专业合作社的产量、服务量和劳务量，应指定专人负责记录。

种植业和养殖业，按农产品收获日记录农产品种类、品名及产量，按月汇总。

服务业和劳务业，按服务、劳务大类或种类、按日记录服务量或劳务量，按月汇总。

（二）健全财务流程

农民专业合作社规范的财务流程是：

（1）指定专人按需要并经批准购买本合作社生产经营所需要的主要物资和其他物资；

（2）经手人必须取得合法的原始凭证，注明用途并签章；

（3）证明人或验收人审核签章，涉及购入生产、服务和劳务等主要物资的，应附有收料单等验收证明；

（4）理事长审批；

（5）经手人向出纳员报销；

（6）出纳员应定期（至少一个月）向会计报账。

三、成本核算的特点

（一）成本核算对象的特点

成本核算对象，应从成本核算特点和加强成本管理的角度确定。

种植业、养殖业成本核算的对象是农产品。农产品具有产品单一、产品鲜活、产品不能长期存库、生产周期较长等特点。

服务、劳务业成本核算的对象是服务和劳务大类、种类。劳务和服务具有面广量大、规模大小不等、功能差异性大等特点。

（二）成本计算期的特点

成本计算期，应从正确核算成本和客观自然周期的角度确定。

种植业、养殖业的成本计算期，具有生产周期与成本计算期不一致、成本计算期内直接材料费和直接人工费等生产成本发生不均匀等特点。

农产品的收获期，有的为一个月，有的则是几个月，有的甚至跨年度。因此，在确定农产品成本计算期时，应当与其生产周期保持一致。农产品生产成本计算的截止时间，应当计算至农产品入库或达到可销售状态时为止，也就是以农产品从种植到收获的时期，即"收获期"作为成本计算期，计算农产品的成本。

服务和劳务业的成本计算期，一般具有按月作为成本计算期的特点。服务和劳务业按月计算服务和劳务成本。

四、成本核算的方法

农民专业合作社的成本核算，采用"权责发生制"原则。凡应归属于本期农产品、服务和劳务成本的，各项成本都必须及时结算，无论款项是否支付，都应当作为本期的成本。

根据税务有关部门规定，农民专业合作社销售自产农产品和经营农机作业等，享受免征增值税优惠政策。因此，对于有免征增值税的合作社，无论是小规模纳税人还是一般纳税人，免征增值税部分进项税额不得抵扣，均应计入农产品成本或产品物资。

农民专业合作社的成本核算方法一般有品种法、分批法、订单法、分类法等，应按照生产经营的经济规律和正常客观的自然规律，从本合作社的实际情况出发，因地制宜，科学、合理、正确地进行农产品成本、服务和劳务成本核算。

（一）农产品成本核算的方法

农产品成本核算一般采用品种法、分批法和订单法等方法。

（1）品种法。品种法是以农产品的品种或类别作为成本核算对象，按相应的成本项目，归集和分配生产成本，计算农产品成本的一种方法。这种方法适用于一年内一次收获的单一品种农产品，如种植水稻、西瓜，养殖鱼、虾等（不包括养殖特种水产品）。

（2）分批法。分批法是以农产品的品种或类别、批别作为成本核算对象，按品种法相同的成本项目，归集和分配生产成本，计算农产品成本的一种方法。这种方法适用于一年内多批次收获的农产品，如保护田种植番茄、茄子等蔬菜，养殖猪、鸡、鸭等畜禽。

（3）订单法。根据农产品生产和销售订单，种植农作物或养殖畜禽、水产品。

对于一次种植或养殖，一次或同一时期收获并销售或入库的农产品，本月的销售成本或入库成本，即为本月该农产品归集和分配的全部生产成本。

对于一次种植或养殖，在不同时期多次收获、多次销售的农产品，本月的销售成本要视该农产品预期产量、市场行情和本月销售量、销售价格等因素，进行职业判断估计，一般可按本月销售收入的 70%～90% 作为本月的销售成本。至该农产品全部收获后，再根据销售或入库的农产品数额，结转剩余的农产品生产成本。

不论是一次种植或养殖、一次或同一时期收获并销售或入库的农产品，还是一次种植或养殖、在不同时期多次收获、多次销售的农产品，为简化结转生产成本，可在该农产品生产成本各成本项目的后面添加"成本结转"。结转生产成本时，借贷三栏式账户记"贷方"，多栏式账户以"—"号表示。

在农产品全部收获或年度终了时，除了不予结转的跨年度收获的农产品生产成本以外，其余农产品生产成本的各成本项目金额，应全部转入"成本结转"，结平各成本项目金额。

（二）服务和劳务业成本核算的方法

服务和劳务业成本核算一般采用分类法。

分类法是以服务和劳务大类、种类作为成本核算对象，按相应的服务和劳务大类成本项目，归集和分配服务、劳务成本。

五、成本核算的要点

（一）成本核算遵循的原则

农民专业合作社的成本核算，应当遵循"受益原则"，即"谁"受益、"谁"负担，何时受益，何时负担。农民专业合作社必须重视和加强成本核算工作，不得混算、估算、多算、少算、不算农产品成本和服务、劳务成本。

农产品、服务和劳务进行成本核算后，应及时填制"成本计算单"。

（二）成本核算划分的界限

为了正确核算农产品成本、服务和劳务成本，农民专业合作社成本核算必须正确划分以下九个界限：

（1）正确划分收益性支出与资本性支出的界限；

（2）正确划分各种成本与管理费用、其他支出的界限；

（3）正确划分资产成本与生产成本的界限；

（4）正确划分本期成本与下期成本的界限；

（5）正确划分农产品成本与服务、劳务成本的界限；

（6）正确划分各种农产品之间成本的界限；

（7）正确划分各种服务、劳务之间成本的界限；

（8）正确划分已收获农产品成本与未收获农产品成本的界限；

（9）正确划分已完成服务、劳务成本与未完成服务、劳务成本的界限。

对于多种经营或复合经营的农民专业合作社，可根据生产经营的大类、种类，按照本章节有关成本核算的做法，分别进行成本核算。

农民专业合作社成本核算的做法，同样适用于农民专业合作社联合社，类似的农业企业可参考。

第二节　蔬菜成本核算

一、生产类别

蔬菜专业合作社的蔬菜种植生产，按种植蔬菜大类分为保护田种植蔬菜（有大棚设施）和露天种植蔬菜（无大棚设施）；按蔬菜种类分为萝卜、番茄、茄子、辣椒、白菜、菠菜等。各蔬菜种类又可分若干品名。

二、成本项目

1. 保护田种植蔬菜成本项目

保护田种植蔬菜"生产成本"，设置以下成本项目：

（1）种子（种苗）。种子（种苗）是指外购的种子（种苗）、合作社自己培育的种子（种苗）、各级财政和有关部门实物配送的种子（种苗）等。

（2）有机肥。有机肥是指外购的有机肥、合作社自己养殖的畜禽副产品、各级财政和有关部门实物配送的有机肥等。

（3）化肥。化肥是指外购的化肥、各级财政和有关部门实物配送的化肥等。

（4）植保费。植保费是指外购的农药、各级财政和有关部门实物配送的农药等，包括植保机械用的汽油、柴油和机油等。

（5）农膜。农膜是指外购的地膜等农用薄膜、各级财政和有关部门实物配送的农膜等，包括遮阳膜。

（6）小农具。小农具是指种植业生产所需要的农具，如开沟用的铁铲、治虫用的"背包式"喷雾器等。

（7）工资。工资是指合作社常年固定生产人员和季节性临时生产人员的工资。

（8）补贴及福利。补贴及福利是指合作社常年固定生产人员和季节性临时生产人员的伙食、交通、通信等补贴和生产所需的劳动保护用品等。

（9）农机作业费。农机作业费是指机开沟、机耕、机播、机插秧、机收等农业机械作业费。

（10）农用水电费。农用水电费是指用于农业生产的农用水费和农用电费。

（11）排灌费。排灌费是指田间生产用的排涝费和灌溉费。

（12）修理费。修理费是指生产使用合作社自有农业机械、器具和仓库、场地等正常的维修费用，包括农业机械的保养费用（注：大修理费用可以分期摊销）。

（13）折旧费。折旧费是指合作社自有生产设备和基础设施等固定资产，按有关规定标准提取的折旧费。（注：合作社必须建立固定资产折旧制度，按月或按季、按年、按农作物"收获期"提取固定资产折旧。固定资产的折旧方法一般采用"平均年限法"。提取折旧时，一般采用"分类折旧率"方法计提。）

（14）其他。其他是指除了上述成本项目以外应归属于生产成本的其他费用，如购买农业生产资料的运杂费等。

2. 露天种植蔬菜成本项目

露天种植蔬菜"生产成本"设置的成本项目，参照保护田种植蔬菜成本项目，删去"农膜"成本项目。

三、核算方法

蔬菜种植生产的成本，通过"生产成本"科目核算。

蔬菜种植生产的成本核算方法采用分批法或订单法，按蔬菜"收获期"作为成本核算周期。在"生产成本"下，以蔬菜的品种、批别或订单作为成本核算对象，若蔬菜的品种较多，可按类别（如青菜类、毛豆豇豆类、番茄茄子类、韭菜韭黄类等）、批别或订单作为成本核算对象，若是单一品种蔬菜，也可按蔬菜的品名作为成本核算对象，按蔬菜生产的成本项目，归集和分配种子（种苗）、有机肥、化肥、农药、农膜、小农具等直接材料费和直接人工费以及农机作业费、农用水电费、排灌费、修理费、折旧费等其他费用。

蔬菜的销售成本视销售情况而定。若该批蔬菜是本月全部收获、全部销售的，则本月的销售成本为归集和分配的该批蔬菜全部生产成本；若本月该批蔬菜全部入库的，则全部转入"产品物资——产品（××蔬菜）"；若本月该批蔬菜部分销售、部分入库，则按销售和入库的蔬菜数量比例，分别计算本月的销售成本和入库成本。

若该批蔬菜跨月收获、跨月销售的，则本月的销售成本，可按本月销售收入的 70%～90% 计算。至该批剩余蔬菜全部收获后，再根据销售或入库的蔬菜数量，结转剩余的蔬菜生产成本。

蔬菜全部收获后若继续种植蔬菜的，计入新一轮蔬菜生产成本核算。

对于跨年度收获的白菜、菠菜等越冬蔬菜，其在本年度归集的生产成本不予结转，作为下年度该蔬菜的生产成本。

四、核算实例

某蔬菜专业合作社为保护田种植蔬菜，种植品种为青菜，面积 50 亩*（注：物资的收、发、存，采用"传统做法"）。

（1）合作社购买青菜种子 45 千克，每千克 220 元，计 9 900 元，增值税免税，用存款支付。会计分录：

借：生产成本——青菜（种子）　　9 900

贷：银行存款　　　　　　　　　　　　9 900

（2）合作社购买复合肥 20 吨，每吨含税价格 2 900 元，计 58 000 元，用存款支付。会计分录：

借：生产成本——青菜（化肥）　　58 000

---

* 亩为非法定计量单位，1 亩＝1/15 公顷。——编者注

　　　　　　贷：银行存款　　　　　　　　　　58 000

　　（3）合作社获得有关部门实物配送农药一批，金额 5 000
元。会计分录：

　　　　　　借：生产成本——青菜（植保费）　5 000

　　　　　　　　贷：其他收入——补助收入　　　5 000

　　（4）现金支付种植青菜人员工资 36 660 元，会计分录：

　　　　　　借：生产成本——青菜（工资）　36 660

　　　　　　　　贷：应付工资——生产人员工资　36 660

　　　　　　借：应付工资——生产人员工资　36 660

　　　　　　　　贷：库存现金　　　　　　　　　36 660

　　（5）合作社购置农用电动锂电池喷雾器 3 台，每台含税价格
261 元，计 783 元，用现金支付。会计分录：

　　　　　　借：生产成本——青菜（小农具）　　783

　　　　　　　　贷：库存现金　　　　　　　　　　783

　　（6）合作社向某农资公司购买地膜 2 吨，每吨含税价格
13 166 元，计 26 332 元，款项未付。会计分录：

　　　　　　借：生产成本——青菜（农用薄膜）

　　　　　　　　　　　　　　　　　　　26 332

　　　　　　　　贷：应付款——××农资公司　26 332

　　（7）青菜生产已到收获期，经实地盘点库存复合肥 1.50 吨，
每吨含税价格 2 900 元，计 4 350 元。会计分录：

　　　　　　借：产品物资——物资（复合肥）　4 350

　　　　　　　　贷：生产成本——青菜（化肥）　4 350

　　（8）本月销售青菜 82 500 千克，每千克 0.80 元，计 66 000
元，款项收到存款。会计分录：

　　　　　　借：银行存款　　　　　　　　　66 000

　　　　　　　　贷：经营收入——产品销售收入（青菜）

　　　　　　　　　　　　　　　　　　　66 000

（9）结转本月销售青菜成本（本月销售青菜成本，按本月销售收入的80％计算）。会计分录：

借：经营支出——产品销售成本（青菜）

52 800

贷：生产成本——青菜（成本结转）

52 800

（10）该批青菜至下月全部销售，销售量 127 500 千克，若该批青菜仅发生以上成本，结转剩余青菜各成本项目金额合计79 525 元。会计分录：

借：经营支出——产品销售成本（青菜）

79 525

贷：生产成本——青菜（成本结转）

79 525

青菜成本计算单：

<table>
<tr><td colspan="8" align="center">上海××蔬菜专业合作社
成本计算单</td><td>批别或
订单号</td><td></td></tr>
<tr><td colspan="8">农产品名称：青菜   ××年×月</td><td colspan="2">（金额单位： 元）</td></tr>
<tr><td rowspan="2">面积
（亩）</td><td rowspan="2">产量
（千克）</td><td colspan="6" align="center">成本项目</td><td rowspan="2" colspan="2">合计</td></tr>
<tr><td>种子</td><td>化肥</td><td>农药</td><td>工资</td><td>小农具</td><td>农膜</td></tr>
<tr><td>50</td><td>210 000</td><td>9 900</td><td>53 650</td><td>5 000</td><td>36 660</td><td>783</td><td>26 332</td><td colspan="2">132 325</td></tr>
</table>

注：（1）青菜生产成本合计＝9 900＋（58 000－4 350）＋5 000＋36 660＋783＋26 332＝132 325（元）

（2）青菜总产量＝82 500＋127 500＝210 000（千克）

（3）每亩青菜产量＝210 000÷50＝4 200（千克/亩）

（4）每亩青菜成本＝132 325÷50＝2 646.50（元/亩）

（5）每千克青菜成本＝132 325÷210 000≈0.63（元/千克）

第三节　粮食成本核算

一、生产类别

粮食专业合作社粮食种植生产，按种植粮食大类分为夏粮和秋粮；夏粮按种类分为大麦、小麦、元麦、豆类等，秋粮包括水稻等。各粮食种类又可分为若干品名。

二、成本项目

种植粮食"生产成本"，设置以下成本项目：

种子（种苗）、有机肥、化肥、植保费、小农具、工资、补贴及福利、农机作业费、农用水电费、排灌费、修理费、折旧费、其他。

各成本项目的解释同蔬菜成本项目。

三、核算方法

粮食种植生产的成本，通过"生产成本"科目核算。

粮食种植生产的成本核算方法采用品种法，以粮食作物"收获期"作为成本核算周期。在"生产成本"下，以粮食作物的种类作为成本核算对象，如是单一品种粮食作物，也可以粮食作物的品名作为成本核算对象，按粮食生产的成本项目，归集和分配种子、有机肥、化肥、农药、小农具等直接材料费和直接人工费以及农机作业费、农用水电费、排灌费、修理费、折旧费等其他费用。

夏、秋粮食作物在全部收获入库时，结转其全部生产成本，计入"产品物资——产品（××粮食）"科目。

为简化成本核算，可不计算粮食作物的副产品成本。若取得副产品收入，计入相应的粮食作物收入。

对于单一品种种植二麦、水稻的，一般为一次收获，其二麦、稻谷的成本，即为各自归集和分配的全部生产成本。

对于多品种种植二麦、水稻的，如未按具体品种作为成本核算的，对于前期收获的，应记录好二麦或稻谷的品种、面积和产量，至二麦、稻谷全部收获后，再计算各品种二麦或稻谷的成本。各品种二麦或稻谷的成本，分别按二麦、稻谷的生产总成本与各品种二麦或水稻的种植面积分配计算。

稻谷收获后，若种植大麦、小麦等跨年度粮食作物的，其在本年度归集的生产成本不予结转，作为下年度该粮食作物的生产成本。

四、核算实例

某粮食专业合作社种植秀水 114 品种水稻，面积 500 亩（注：物资的收、发、存，采用"实地盘存制"方法）。

（1）合作社获得有关部门实物配送稻种，面积 500 亩，每亩 4 千克，计 2 000 千克，每千克 6.25 元，计 12 500 元。会计分录：

    借：生产成本——水稻（种子） 12 500

     贷：其他收入——补助收入   12 500

（2）购买尿素 20 吨，每吨含税价格 1 600 元，计 32 000 元，用存款支付。会计分录：

    借：产品物资——物资（复合肥）32 000

     贷：银行存款   32 000

（3）购买药水机用 92 号汽油 20 升，每升含税价格 7.25 元，计 145 元，用现金支付。会计分录：

　　　　借：生产成本——水稻（植保费）　　145

　　　　　　贷：库存现金　　　　　　　　　　145

　　（4）计提本月种植水稻人员工资 25 000 元。会计分录：

　　　　借：生产成本——水稻（工资）　25 000

　　　　　　贷：应付工资——生产人员工资　25 000

　　（5）购买用于水稻生产人员的防暑降温用品一批 360 元，用现金支付。会计分录：

　　　　借：生产成本——水稻（补贴及福利）360

　　　　　　贷：库存现金　　　　　　　　　360

　　（6）经与某农机专业合作社结算，机耕面积 500 亩，每亩 30 元，计 15 000 元；机收面积 500 亩，每亩 80 元，计 40 000 元，合计 55 000 元，款项未付。会计分录：

　　　　借：生产成本——水稻（农机作业费）

　　　　　　　　　　　　　　　　　　55 000

　　　　　　贷：应付款——××农机专业合作社

　　　　　　　　　　　　　　　　　　55 000

　　（7）本月水稻收获，经实地盘点，库存尿素 2 吨，每吨含税价格 1 600 元，计 3 200 元。累计购入尿素共 50 吨，计 80 000 元。本月发出尿素成本＝80 000－3 200＝76 800（元）会计分录：

　　　　借：生产成本——水稻（化肥）　76 800

　　　　　　贷：产品物资——物资（尿素）　76 800

　　（8）本月水稻收获，水稻总成本为 741 905 元、总产量为 287 560 千克。

　　每亩水稻成本＝741 905÷500＝1 483.81（元/亩）

　　每千克稻谷成本＝741 905÷287 560＝2.58（元/千克）

　　会计分录：

借：产品物资——产品（秀水 114 稻谷）

741 905

　　贷：生产成本——水稻（成本结转）

741 905

（9）本月销售给粮食部门稻谷 237 550 千克，每千克 2.80 元，计 665 140 元，款项收到存款。会计分录：

借：银行存款　　　　　　　665 140

　　贷：经营收入——产品销售收入（水稻）

665 140

（10）结转本月销售稻谷成本。

本月销售稻谷成本＝237 550×2.58＝612 879（元）

会计分录：

借：经营支出——产品销售成本（水稻）

612 879

　　贷：产品物资——产品（秀水 114 稻谷）

612 879

第四节　水果成本核算

一、生产类别

水果专业合作社的水果种植生产，按种植水果大类分为"木本生"水果和"草本生"水果。"木本生"水果一般为果树产品，按种类分为桃子、梨、葡萄、橘子、苹果等；"草本生"水果一般为"草藤"产品，按种类分为草莓、西瓜、甜瓜、哈密瓜、菠萝等。各水果种类又可分若干品名。

二、成本项目

果树产果期水果"生产成本",设置以下成本项目:

种子(种苗)、有机肥、化肥、植保费、小农具、工资、补贴及福利、农机作业费、农用水电费、排灌费、修理费、折旧费、果树摊销、其他。

其中:果树摊销,是指果树从种植开始至可以产果时为止发生的总成本,也就是果树生长期形成的"林木资产"成本总额,按该果树正常生产周期内分期平均摊销的费用算。

其余成本项目的解释同蔬菜成本项目。

三、核算方法

本节主要讲述"木本生"水果成本核算方法。对于"草本生"水果的成本核算方法,参照蔬菜成本核算方法。

果树从幼苗种植时至产果前生长期的培植费用,形成"林木资产——经济林木(××果树)"。需要说明的是,林木资产属于农业资产。为了正确区分有关联的果树生长期形成的资产成本与果树产果期发生的生产成本,本节涉及"林木资产"的核算。

(一)果树生长期资产成本核算方法

果树生长期资产成本,通过"林木资产——经济林木"科目核算。

果树生长期的资产成本核算方法参照品种法,以果树"生长期"作为成本核算周期。在"林木资产——经济林木"下,以果树的种类作为成本核算对象,如是单一品种果树,也可以果树的品名作为成本核算对象,归集和分配果树苗、有机肥、化肥、农药、小农具等直接材料费和整地、栽培、施肥、植保等直接人工费以及农机作业费、农用水电费、排灌费、修理费、折旧费等其他费用，也就是果树生长期的全部培植费用，最终形成"林木资产——经济林木（××果树）"，幼果树成龄为果树。

（二）果树产果期生产成本核算方法

果树产果期生产的成本，通过"生产成本"科目核算。

果树产果期的成本核算方法采用品种法，以水果"收获期"作为成本核算周期。在"生产成本"下，以水果的种类作为成本核算对象，如是单一品种水果，也可以水果的品名作为成本核算对象，按果树产果期的成本项目，归集和分配果树产果期的直接材料费、直接人工费和果树摊销等其他费用。

"林木资产——经济林木（××果树）"从开始产果的第一年起，在产果期限内分期平均摊销，果树摊销一般按 10 年计算。

果树种植 2～3 年后进入产果期，一般前期不产出水果。若本月无水果产出的，则本月生产成本不予结转，累计发生的生产成本，在水果产出的预计周期内分期摊销，也可以一次摊销。从水果产出首月起，若本月水果全部销售的，则本月发生的生产成本，加上水果产出前分期摊销或一次摊销的生产成本，即为本月的销售成本；若本月水果全部入库的，则全部转入"产品物资——产品（××水果）"；若本月水果部分销售、部分入库的，则按销售和入库的水果数量比例，分别计算本月的销售成本和入库成本。

水果全部收获后，计入新一轮果树产果期生产成本核算。

四、核算实例

某水果专业合作社种植水蜜桃树，面积 200 亩。〔注：水蜜桃树生长期采购物资，直接作为"林木资产——经济林木（水蜜桃）"；水蜜桃树产果期采购物资，物资的收、发、存，采用"传统做法"。〕

（一）水蜜桃树生长期资产成本核算实例

（1）付平整土地、机开沟费，面积 200 亩，每亩 50 元，计 10 000 元，用存款支付。会计分录：

借：林木资产——经济林木（水蜜桃）

10 000

贷：银行存款　　　　　10 000

（2）购买水蜜桃苗 8 200 棵，每棵 10 元，计 82 000 元，用存款支付。会计分录：

借：林木资产——经济林木（水蜜桃）

82 000

贷：银行存款　　　　　82 000

（3）计提种植水蜜桃树的人员工资，每亩 200 元，计 40 000 元。会计分录：

借：林木资产——经济林木（水蜜桃）

40 000

贷：应付工资——生产人员工资　40 000

（4）购买干鸡粪 30 吨，每吨 450 元，计 13 500 元，用存款支付。会计分录：

借：林木资产——经济林木（水蜜桃）

13 500

贷：银行存款　　　　　13 500

（二）水蜜桃树产果期生产成本核算实例

（1）水蜜桃树产果期间，每月负担果树摊销。〔注：该合作社从整田开始，购买、种植幼水蜜桃树和购买肥料、农药等，以及支付人工费和其他费用，两年期间总成本为 1 507 200 元，形成"林木资产——经济林木（水蜜桃）"。第三年起水蜜桃树开始产果，预计可产果 10 年。]

每月果树摊销＝1 507 200÷10÷12＝12 560（元）

会计分录：

借：生产成本——水蜜桃（果树摊销）

12 560

贷：林木资产—— 经济林木（水蜜桃）

12 560

（2）合作社向某农资商店购买防病、防菌用农药一批，含税价格为 150 000 元，款项未付。会计分录：

借：生产成本——水蜜桃（植保费）

150 000

贷：应付款——××农资商店 150 000

（3）用现金支付植保机械修理费 150 元。会计分录：

借：生产成本——水蜜桃（修理费） 150

贷：库存现金 150

（4）用现金支付生产人员工资 32 600 元。会计分录：

借：生产成本——水蜜桃（工资）32 600

贷：应付工资——生产人员工资 32 600

借：应付工资——生产人员工资 32 600

贷：库存现金 32 600

（5）水蜜桃全部收获，经实地盘点库存农药一批，含税价格 25 000 元。会计分录：

借：产品物资——物资（农药） 25 000

贷：生产成本——水蜜桃（植保费）

25 000

（6）本月销售给××公司精品水蜜桃 1 365 盒，每盒金额 80 元，计 109 200 元，款项尚未收到。会计分录：

借：应收款——××公司　　　　109 200

　　贷：经营收入——产品销售收入（水蜜桃）

　　　　　　　　　　　　　　109 200

（7）本月零售水蜜桃 9 870 千克，收到现金 84 870 元。（注：至本月，当年水蜜桃全部收获、全部销售。）会计分录：

借：库存现金　　　　　　　　84 870

　　贷：经营收入——产品销售收入（水蜜桃）

　　　　　　　　　　　　　　84 870

（8）结转水蜜桃剩余生产成本，为 182 368 元。会计分录：

借：经营支出——产品销售成本（水蜜桃）

　　　　　　　　　　　　　　182 368

　　贷：生产成本——水蜜桃（成本结转）

　　　　　　　　　　　　　　182 368

水蜜桃成本计算：

若水蜜桃生产成本合计（账面数）为 951 236 元、水蜜桃总产量（台账数）为 139 250 千克，则：

①每亩水蜜桃产量＝139 250÷200＝696.25（千克/亩）

②每亩水蜜桃成本＝951 236÷200＝4 756.18（元/亩）

③每千克水蜜桃成本＝951 236÷139 250＝6.83（元/千克）

第五节　畜禽成本核算

一、生产类别

畜禽专业合作社的畜禽养殖生产，按养殖畜禽大类分为牲畜和禽。牲畜按种类分为猪、羊、牛、马等；禽按种类分为鸡、鸭、鹅、鸽等。各畜禽种类又可分若干品名。

二、成本项目

产役畜投产期畜禽产品"生产成本",设置以下成本项目:饲料、小用具、工资、补贴及福利、药物及防疫费、水电费、修理费、折旧费、产役畜摊销、其他。

其中:饲料,是指养殖生产需要的各种饲料制品和有机饲料;小用具,是指生产需要的用具和工具,如食槽、小推车、周转箱、工具箱(包)等;药物及防疫费,是指养殖生产中用于防疫、防病、治病的兽药及防疫费用;产役畜摊销,是指幼畜禽从养殖开始至可以投产时为止发生的总成本,也就是畜禽成长期形成的"牲畜(禽)资产——产役畜"成本总额,按该产役畜正常生产寿命周期内扣除预计净残值后的部分,分期平均摊销的费用;其余成本项目的解释同蔬菜成本项目。

三、核算方法

畜禽从幼畜禽养殖至投产前成长期的饲养费用,形成"牲畜(禽)资产——幼畜及育肥畜(××畜禽)"或"牲畜禽资产——产役畜(××畜禽)"项目。需要说明的是,牲畜(禽)资产属于农业资产。为了正确区分有关联的畜禽成长期形成的资产成本与产役畜投产期发生的生产成本,本节涉及"牲畜(禽)资产"的核算。

为简化成本核算,可不计算畜禽的副产品成本。若产出的畜禽副产品自用于农作物作为有机肥的,则一方面计入有关农作物的成本,另一方面计入"经营收入——产品销售收入(××畜禽副产品)";若产出的畜禽副产品直接销售或加工为有机肥销售的，则计入"经营收入——产品销售收入（××畜禽副产品）"。

（一）畜禽成长期资产成本核算方法

畜禽成长期的资产成本，通过"牲畜（禽）资产——幼畜及育肥畜"科目核算。

畜禽成长期的资产成本核算方法参照品种法，以畜禽"成长期"作为成本核算周期。在"牲畜（禽）资产——幼畜及育肥畜"科目下，以畜禽的种类作为成本核算对象，如是单一品种畜禽，也可以畜禽的品名作为成本核算对象，归集和分配畜（禽）苗、饲料、小用具、直接人工费、药物及防疫费、水电费、修理费、折旧费等全部饲养费用，最终形成"牲畜（禽）资产——幼畜及育肥畜（××畜禽）"或"牲畜（禽）资产——产役畜（××畜禽）"，幼畜禽成龄为育肥畜或产役畜。

若畜禽成龄后全部为育肥畜的，则"牲畜（禽）资产——幼畜及育肥畜"的账面余额即为育肥畜的总成本。育肥畜的总成本除以育肥畜的数量，即为单位育肥畜的成本。

若畜禽成龄后全部为产役畜的，则"牲畜（禽）资产——幼畜及育肥畜（××畜禽）"的账面余额，全部转入"牲畜（禽）资产——产役畜（××畜禽）"，结转后，"牲畜（禽）资产——产役畜（××畜禽）"的账面余额即为产役畜的总成本。产役畜的总成本除以产役畜的数量，即为单位产役畜的成本。

若畜禽成龄后部分为育肥畜、部分为产役畜的，则按育肥畜与产役畜各自的数量比例，分别计算育肥畜和产役畜的总成本，将产役畜部分的总成本从"牲畜（禽）资产——幼畜及育肥畜（××畜禽）"转入"牲畜（禽）资产——产役畜（××畜禽）"。结转后，"牲畜（禽）资产——幼畜及育肥畜（××畜禽）"的账面余额，即为××育肥畜的总成本；"牲畜（禽）资产——产役畜（××畜禽）"的账面余额，即为××产役畜的总成本。××

育肥畜和××产役畜各自的总成本分别除以各自的数量，即为各自的单位成本。

畜禽成龄后若继续饲养幼畜禽的，计入新一轮畜禽成长期资产成本核算。

（二）产役畜投产期生产成本核算方法

产役畜投产期的生产成本，通过"生产成本"科目核算。

产役畜投产期的成本核算方法采用品种法，以产役畜产品的"投产期"作为成本核算周期。在"生产成本"下，以畜禽的产品作为成本核算对象，如是单一品种畜禽，也可以畜禽产品的品名作为成本核算对象，按畜禽生产的成本项目，归集和分配饲料、小用具、直接人工费、药物及防疫费、水电费、修理费、折旧费、产役畜摊销等全部生产费用。"产役畜摊销"应区分产役畜的品种，根据产役畜的总成本，扣除预计净残值后的部分，在其正常生产寿命周期内分期平均摊销。预计净残值应按产役畜的品名、质量和市场价值等因素确定，一般以预计净残值率表示，产役畜的预计净残值率为 $10\%\sim30\%$。

产役畜投入生产后进入投产期，一般前期不产出畜禽产品。若本月无畜禽产品产出的，则本月生产成本不予结转，累计发生的生产成本，在畜禽产品产出的预计周期内分期摊销，也可以一次摊销。从畜禽产品产出首月起，若本月畜禽产品全部销售的，则本月发生的生产成本，加上畜禽产品产出前分期摊销或一次摊销的生产成本，即为本月的销售成本；若本月畜禽产品全部入库的，则全部转入"产品物资——产品（××畜禽产品）"；若本月畜禽产品部分销售、部分入库的，则按销售和入库的畜禽产品数量比例，分别计算本月的销售成本和入库成本。

畜禽产品全部收获后若继续投产的，计入新一轮产役畜投产期生产成本核算。

四、核算实例

某畜禽专业合作社饲养农家土鸡 32 000 只。〔注：农家土鸡成长期采购物资，直接计入"牲畜（禽）资产——幼畜及育肥畜（农家土鸡）"；农家土鸡投产期采购物资，物资的收、发、存采用"传统做法"。〕

（一）农家土鸡成长期成本核算实例

（1）合作社向××养鸡专业合作社采购农家土鸡苗鸡 32 000 只，每只 3 元，计 96 000 元，款项未付。会计分录：

借：牲畜（禽）资产——幼畜及育肥畜（农家土鸡）
96 000

贷：应付款——××养鸡专业合作社
96 000

（2）购买豆粕 31.50 吨，每吨 2 680 元，计 84 420 元，增值税 10%，计 8 442 元，价税合计 92 862 元，用存款支付。会计分录：

借：牲畜（禽）资产——幼畜及育肥畜（农家土鸡）
92 862

贷：银行存款　92 862

（3）购买兽药疫苗一批，价税合计 5 600 元，用存款支付。会计分录：

借：牲畜（禽）资产——幼畜及育肥畜（农家土鸡）
5 600

贷：银行存款　5 600

（4）现金支付本月养鸡人员工资 18 300 元。会计分录：

借：牲畜（禽）资产——幼畜及育肥畜（农家土鸡）
18 300

    贷：应付工资——生产人员工资 18 300

   借：应付工资——生产人员工资 18 300

    贷：库存现金   18 300

  （5）农家土鸡成龄，牲畜（禽）资产——幼畜及育肥畜（农家土鸡）账面余额为 995 715 元。经实地盘点，无库存物资，存栏产蛋鸡 23 750 只，存栏成鸡 7 860 只（饲养期间死亡及淘汰鸡 390 只）。

   每只鸡成本＝995 715÷（23 750＋7 860）＝31.50（元/只）

   农家土鸡产蛋鸡总成本＝23 750×31.50＝748 125（元）

   农家土鸡成鸡总成本＝7 860×31.50＝247 590（元）

   会计分录：

    借：牲畜（禽）资产——产役畜（农家土鸡产蛋鸡）

         748 125

     贷：牲畜（禽）资产——幼畜及育肥畜（农家土鸡）

         748 125

  （6）本月农家土鸡成鸡 7 860 只全部销售，计 281 388 元。会计分录：

    借：银行存款   281 388

     贷：经营收入——产品销售收入（农家土鸡）

         281 388

  （7）本月结转农家土鸡成鸡销售成本。会计分录：

    借：经营支出——产品销售成本（农家土鸡）

         247 590

     贷：牲畜（禽）资产——幼畜及育肥畜（农家土鸡）

         247 590

（二）农家土鸡投产期成本核算实例

  （1）农家土鸡产蛋鸡成龄投入生产，本月负担产役畜摊销。

（农家土鸡产蛋鸡净残值率按 20％计算，产蛋鸡正常生产寿命周期按 30 个月计算。）

每月农家土鸡产蛋鸡摊销金额＝748 125×（1－20％）÷30＝19 950（元）

会计分录：

借：生产成本——农家土鸡产蛋鸡（产役畜摊销）

199 500

贷：牲畜（禽）资产——产役畜（农家土鸡产蛋鸡）

199 500

（2）购买产蛋鸡全价饲料 80 吨，每吨含税价格 2 350 元，计 212 000 元，用存款支付。会计分录：

借：生产成本——农家土鸡产蛋鸡（饲料）

212 000

贷：银行存款　　　　212 000

（3）计提本月饲养产蛋鸡人员工资 14 500 元。会计分录：

借：生产成本——农家土鸡产蛋鸡（工资）

14 500

贷：应付工资——生产人员工资　14 500

（4）月末，经实地盘点，库存产蛋鸡全价饲料 8 720 千克，每千克 2.65 元，计 23 108 元。会计分录：

借：产品物资——物资（复合预混料）

23 108

贷：生产成本——农家土鸡产蛋鸡（饲料）

23 108

（5）本月生产鸡蛋 22 960 千克，每千克 12 元，计 275 520 元，全部销售并收到存款。会计分录：

借：银行存款　　　　275 520

      贷：经营收入——产品销售收入（农家土鸡蛋）

                        275 520

（6）结转本月农家土鸡产蛋鸡生产成本账面余额，为 265 160 元。会计分录：

      借：经营支出——产品销售成本（农家土鸡）

                        265 160

      贷：生产成本——农家土鸡产蛋鸡（成本结转）

                        265 160

第六节　水产成本核算

一、生产类别

水产专业合作社的水产品养殖生产，按养殖水产品大类分为一般水产品养殖和特种水产品养殖。一般水产品养殖按种类分为鱼、虾等常规水产品；特种水产品养殖按种类分为珍珠、牛蛙、甲鱼等。各水产品种类又可分若干品名。

二、成本项目

一般水产品养殖"生产成本"，设置以下成本项目：种苗、饲料、小用具、工资、补贴及福利、药物及防疫费、水电费、修理费、折旧费、其他。

各成本项目的解释同蔬菜、畜禽成本项目。

三、核算方法

本节主要讲述一般水产品养殖成本核算方法。对于特种水产品养殖，全部养殖费用通过"其他农业资产——特种水产品（××水产品）"科目核算。

一般水产品养殖生产的成本，通过"生产成本"科目核算。

水产品生产的成本核算方法采用品种法，以水产品"收获期"作为成本核算周期。在"生产成本"下，以水产品种类作为成本核算对象，如养殖的水产品是单一品种，也可以水产品的品名作为成本核算对象。按水产品生产的成本项目，归集和分配水产品种苗、饲料、小用具等直接材料费和直接人工费以及药物及防疫费、水电费、修理费、折旧费等其他费用。

若水产品是一次放养、本月多次捕捞（垂钓）的，或本月水产品全部收获、全部销售的，则本月的销售成本为归集和分配的该水产品全部生产成本；若本月水产品全部入库的，则全部转入"产品物资——产品（××水产品）"；若本月水产品部分销售、部分入库的，则按销售和入库的水产品数量比例，分别计算本月的销售成本和入库成本。

若水产品是一次放养、跨月多次捕捞（垂钓）的，则本月的销售成本，捕捞部分可按本月销售收入的80％计算，垂钓部分可按本月垂钓收入的70％计算。至该剩余水产品全部收获后，再根据销售或入库的水产品数量，结转剩余的水产品生产成本。

一般水产品全部捕捞后继续养殖一般水产品的，计入新一轮一般水产品生产成本核算。

四、核算实例

某水产专业合作社为一般水产养殖，养殖单一品种鲫鱼，鱼塘面积50亩，一次放养，多次捕捞（垂钓）（注：物资的收、发、存采用"实地盘存制"方法）。

（1）合作社采购鲫鱼种苗 5 000 条，每条 3 元，计 15 000 元，用存款支付。会计分录：

      借：生产成本——鲫鱼（种苗）　15 000

        贷：银行存款　　　　　　　　　 15 000

（2）购买饲料 30 吨，每吨含税价格 1 856 元，计 55 680 元，用存款支付。会计分录：

      借：产品物资——物资（饲料）　55 680

        贷：银行存款　　　　　　　　　 55 680

（3）现金支付本月养鱼人员工资 23 100 元。会计分录：

      借：生产成本——鲫鱼（工资）　23 100

        贷：应付工资——生产人员工资　23 100

      借：应付工资——生产人员工资　23 100

        贷：库存现金　　　　　　　　　 23 100

（4）计提本月三厢电、2.2 千瓦增氧机 10 台折旧费，固定资产原价每台 1 860 元，计 18 600 元，预计使用年限 10 年，预计净残值率 5%，采用平均年限法计提折旧。

本月计提增氧机折旧费＝18 600×（1－5%）÷10÷12＝147.25（元）

会计分录：

      借：生产成本——鲫鱼（折旧费）147.25

        贷：累计折旧　　　　　　　　　 147.25

（5）购买网具一批，含税价格 928 元，用现金支付。会计分录：

      借：生产成本——鲫鱼（小用具）　928

        贷：库存现金　　　　　　　　　 928

（6）本月销售鲫鱼 1 250 千克，每千克 15 元，计 18 750 元，收到存款。会计分录：

      借：银行存款　　　　　　　　　 18 750

　　　　贷：经营收入——产品销售收入（鲫鱼）

　　　　　　　　　　　　　18 750

　　（7）本月垂钓鲫鱼 560 千克，每千克 18 元，计 10 080 元，收到现金。会计分录：

　　　　借：库存现金　　　　　　　　10 080

　　　　　贷：经营收入——产品销售收入（鲫鱼）

　　　　　　　　　　　　　10 080

　　（8）结转本月销售＋垂钓鲫鱼成本。

　　本月销售鲫鱼成本＝18 750×80％＝15 000（元）

　　本月垂钓鲫鱼成本＝10 080×70％＝7 056（元）

　　本月销售＋垂钓鲫鱼成本＝15 000＋7 056＝22 056（元）

　　　　借：经营支出——产品销售成本（鲫鱼）

　　　　　　　　　　　　　22 056

　　　　　贷：生产成本——鲫鱼（成本结转）

　　　　　　　　　　　　　22 056

　　（9）本月清塘，经实地盘点，库存饲料 3.50 吨，每吨含税价格 1 856 元，计 6 496 元。累计购入饲料共 50 吨，计 92 800 元。

　　本月发出饲料成本＝92 800－6 496＝86 304（元）

　　会计分录：

　　　　借：生产成本——鲫鱼（饲料）　86 304

　　　　　贷：产品物资——物资（饲料）　86 304

　　（10）年末清塘，捕捞鲫鱼 18 795 千克，全部入冷藏库待深加工，结转剩余鲫鱼成本为 246 812 元。会计分录：

　　　　借：产品物资——产品（鲫鱼）　246 812

　　　　　贷：生产成本——鲫鱼（成本结转）

　　　　　　　　　　　　　246 812

　　鲫鱼成本计算：

①鲫鱼生产成本合计＝22 056＋246 812＝268 868（元）

②鲫鱼总产量＝1 250＋560＋18 795＝20 605（千克）

③每亩水面鲫鱼产量＝20 605÷50＝412.10（千克/亩）

④每亩水面鲫鱼成本＝268 868÷50＝5 377.36（元/亩）

⑤每千克鲫鱼成本＝268 868÷20 605≈13.05（元/千克）

第七节 农机成本核算

一、服务类别

农机专业合作社的农机服务和劳务，为对外服务和劳务。农机服务大类分为农机作业等，农机劳务大类分为农机维修和农机保养等。农机作业按服务种类分为机开沟、机耕、机播、机插秧和机收等；农机维修按劳务种类分为拖拉机维修、播种机维修、收割机维修等；农机保养按劳务种类分为拖拉机保养、播种机保养、收割机保养等。

二、成本项目

农机作业、农机维修和农机保养成本项目相同，设置以下成本项目：燃料油、机物料、小用具、工资、补贴及福利、交通费、水电费、修理费、折旧费、其他。

其中：燃料油，是指农机作业、农机维修和农机保养过程中所耗用的汽油、柴油、机油和润滑油等；机物料，是指用于农机作业、农机维修和农机保养的零配件、喷涂用漆和劳动保护用品等；交通费，是指农机作业、农机维修和农机保养人员，上门开展农机服务、农机劳务往返的车费或使用交通工具的汽油费等；其余成本项目的解释同蔬菜等成本项目。

三、核算方法

农机成本核算不设置"生产成本"科目，其中对农机作业拟设置"服务成本"科目，对农机维修和农机保养拟设置"劳务成本"科目。

（一）农机作业、农机维修和农机保养成本核算方法

1. 农机作业成本核算方法

农机作业的成本核算方法采用"单机核算"，以月作为成本核算周期。在"服务成本"下，以农机名称、农机作业的服务种类作为成本核算对象，按农机作业的成本项目，归集和分配燃料油、机物料、小用具等直接材料费和直接人工费以及交通费、水电费、修理费、折旧费等其他费用。月末，若某项农机作业任务单尚未完成或虽已完成但尚未结算的，则该部分的服务成本不予结转，作为下月该农机作业的服务成本。

2. 农机维修和农机保养成本核算方法

农机维修和农机保养的成本核算方法采用分类法，以月作为成本核算周期。在"劳务成本"下，以农机维修和农机保养的劳务种类作为成本核算对象，按农机维修和农机保养的成本项目，分别归集和分配机物料、燃料油、小用具等直接材料费和直接人工费以及交通费、水电费、修理费、折旧费等其他费用。月末，若某项农机维修或农机保养任务单尚未完成或虽已完成但尚未结算的，则该部分的劳务成本不予结转，作为下月该农机维修或农机保养的劳务成本。

（二）农机作业、农机维修和农机保养物资的收、发、存方法

为了正确核算农机作业的服务成本、农机维修和农机保养的

劳务成本，物资的收、发、存应采用"永续盘存制"方法。

四、核算实例

某农机专业合作社为一般纳税人，对外经营农机作业、农机维修和农机保养业务。（注：根据规定，农机作业免征增值税，农机维修和农机保养征收增值税。物资的收、发、存采用"永续盘存制"方法。）

（一）农机作业成本核算实例

（1）合作社购买车用 0 号柴油 3 000 升，每升含税价格 7.30元，计 21 900 元，用存款支付。会计分录：

借：产品物资——物资（车用 0 号柴油）

21 900

贷：银行存款　　　　　21 900

（2）计提本月久保田收割机操作员 3 人工资，每人 3 500元，计 10 500 元。会计分录：

借：服务成本——农机作业（久保田收割机 1 号-工资）

3 500

——农机作业（久保田收割机 2 号-工资）

3 500

——农机作业（久保田收割机 3 号-工资）

3 500

贷：应付工资——农机作业人员工资

10 500

（3）购买久保田收割机特种零配件（含税价格）：1 号机8 680 元、2 号机 6 170 元、3 号机 7 130 元，合计 21 980 元，用存款支付，直接用于修理中。会计分录：

借：服务成本——农机作业（久保田收割机 1 号-修理费）

8 680

——农机作业（久保田收割机 2 号-修理费）

6 170

——农机作业（久保田收割机 3 号-修理费）

7 130

贷：银行存款　　　　　　　　　21 980

（4）购买久保田收割机维修专用工具 3 套，每机一套，每套含税价格 330 元，计 990 元，用现金支付。会计分录：

借：服务成本——农机作业（久保田收割机 1 号-小用具）

330

——农机作业（久保田收割机 2 号-小用具）

330

——农机作业（久保田收割机 3 号-小用具）

330

贷：库存现金　　　　　　　　　990

（5）根据领料单汇总，本月久保田收割机领用车用 0 号柴油（每升 7.30 元）：1 号机 900 升，计 6 570 元；2 号机 810 升，计 5 913 元；3 号机 850 升，计 6 205 元；合计 2 560 升，18 688 元。会计分录：

借：服务成本——农机作业（久保田收割机 1 号-燃料油）

6 570

——农机作业（久保田收割机 2 号-燃料油）

5 913

——农机作业（久保田收割机 3 号-燃料油）

6 205

贷：产品物资——物资（车用 0 号柴油）

18 688

（6）计提本月久保田收割机 3 台折旧费，每台含税价 300 000 元，预计使用 5 年，预计净残值率 5%，采用平均年限法计提折旧。 （注：每台久保田收割机财政补助 60%，计 180 000 元，根据有关规定，财政补助部分不应计提折旧。）

每台久保田收割机每月计提折旧额=300 000×（1-60%）×（1-5%）÷5÷12=1 900 （元）

会计分录：

借：服务成本——农机作业（久保田收割机 1 号-折旧费）

1 900

——农机作业（久保田收割机 2 号-折旧费）

1 900

——农机作业（久保田收割机 3 号-折旧费）

1 900

贷：累计折旧 5 700

（7）根据作业量汇总，本月久保田收割机为本村 13 户家庭农场机收稻谷收入（每亩收费 80 元）：1 号机 600 亩，计 48 000 元；2 号机 540 亩，计 43 200 元；3 号机 560 亩，计 44 800 元；合计 1 700 亩，136 000 元。款项尚未收到。会计分录：

借：应收款——××村 13 户家庭农场

136 000

贷：经营收入——服务收入（久保田收割机 1 号-机收） 48 000

——服务收入（久保田收割机 2 号-机收） 43 200

——服务收入（久保田收割机 3 号-机收） 44 800

（8）结转本月久保田收割机服务成本［按（2）～（6）算］。

会计分录：

借：经营支出——服务成本（久保田收割机 1 号-农机
　　　　　　　作业）　　　　20 980
　　　　　——服务成本（久保田收割机 2 号-农机
　　　　　　　作业）　　　　17 813
　　　　　——服务成本（久保田收割机 3 号-农机
　　　　　　　作业）　　　　19 065
　　贷：服务成本——农机作业（久保田收割机 1 号-
　　　　　　　成本结转）　　20 980
　　　　　——农机作业（久保田收割机 2 号-
　　　　　　　成本结转）　　17 813
　　　　　——农机作业（久保田收割机 3 号-
　　　　　　　成本结转）　　19 065

（二）农机维修成本核算实例

（1）合作社购买农机配件一批（有清单），价款 50 000 元，
增值税税率 16%，计 8 000 元，价税合计 58 000 元，用存款支
付。会计分录：

借：产品物资——物资（农机配件）
　　　　　　　　　　　　50 000
　　应付款——应交增值税（进项税额）
　　　　　　　　　　　　8 000
　　贷：银行存款　　　　58 000

（2）根据领料单汇总，本月维修大拖拉机领用农机零配件计
23 500 元。会计分录：

借：劳务成本——农机维修（维修大拖拉机-机物料）
　　　　　　　　　　　　23 500
　　贷：产品物资——物资（农机零配件）
　　　　　　　　　　　　23 500

（3）现金支付本月维修大拖拉机人员工资 15 350 元。会计分录：

  借：劳务成本——农机维修（维修大拖拉机-工资）

          15 350

    贷：应付工资——农机维修人员工资

           15 350

    借：应付工资——农机维修人员工资

          15 350

      贷：库存现金   15 350

（4）计提本月机修车间房屋、机器折旧费，房屋计 3 300 000 元，预计使用 20 年，预计净残值率 4%，采用平均年限法计提折旧；机器 1 200 000 元，预计使用 8 年，预计净残值率 4%，采用平均年限法计提折旧。

本月计提房屋折旧＝3 300 000×（1－4%）÷20÷12＝13 200（元）

本月计提机器折旧＝1 200 000×（1－4%）÷8÷12＝12 000（元）

会计分录：

  借：劳务成本——农机维修（维修大拖拉机-折旧费）

        25 200

    贷：累计折旧   25 200

（5）本月维修大拖拉机 30 台，收到含税维修费现金 81 200 元，现金存入银行（根据规定，农机维修一般纳税人征增值税，增值税税率16%）。会计分录：

  借：库存现金   81 200

    贷：经营收入——劳务收入（维修大拖拉机收入）

        70 000

应付款——应交增值税（销项税额）

11 200

借：银行存款　　　　　　　81 200

贷：库存现金　　　　　　　81 200

（6）结转本月维修大拖拉机成本［按（2）～（4）算］。会计分录：

借：经营支出——劳务成本（维修大拖拉机-农机维修）

64 050

贷：劳务成本——农机维修（维修大拖拉机-成本结转）　　　　64 050

第八节　农家乐成本核算

一、服务类别

农家乐专业合作社的农家乐服务，按农家乐服务大类分为餐饮、游乐、住宿等。餐饮按服务种类分为堂吃、外卖、点心等；游乐按服务种类分为歌厅、舞厅、剧场、游乐场、游戏房、花展、垂钓、游船、游艇、游泳池、溜冰场、跑马场、台球、保龄球、茶室、棋牌室等；住宿按服务种类分为宾馆、旅馆、榻榻米、农宅等。

二、成本项目

农家乐按服务大类设置成本项目。

（一）餐饮成本项目

农家乐餐饮服务，设置以下成本项目：原料、辅料、燃料、附消品、日用品、餐具、小用具、工资、补贴及福利、水电费、修理费、折旧费、其他。

其中：原料，是指餐饮的主料，包括各种荤菜、素菜等菜肴和大米、面粉、面制品等主食；辅料，是指餐饮的辅助料，包括食用油、调味品、调料和水果等；燃料，是指厨房、供水间等部门使用的天然气、液化气和煤炭、煤制品等燃料；附消品，是指作为农家乐配套服务的烟、酒、饮料、茶叶等；日用品，是指农家乐服务的日常用品，如洗涤用品、卫生用品、毛巾、餐巾纸、台布、椅套、一次性杯子等；餐具，是指餐饮用的锅、碗、碟子、勺子、调羹、筷子、酒杯和一次性餐具等；其余成本项目的解释同蔬菜等成本项目。

（二）游乐成本项目

农家乐游乐服务，设置以下成本项目：器具、玩具、燃料油、燃料、附消品、日用品、小用具、工资、补贴及福利、水电费、修理费、折旧费、其他。

其中：器具，是指游乐场所除了固定资产以外的各种器材和用具，如话筒、马车、轿子、钓鱼竿、救生圈、溜冰鞋、台球、保龄球等；玩具，是指游乐场所使用的各种游玩用具，如游戏机、麻将台、麻将、棋、牌等；其余成本项目的解释同蔬菜、餐饮等成本项目。

（三）住宿成本项目

农家乐住宿服务，设置以下成本项目：家具、家电、床上用品、生活用品、燃料、附消品、日用品、小用具、工资、补贴及福利、水电费、修理费、折旧费、其他。

其中：家具，是指住宿用的床、床棚、床头柜、衣柜、衣架、沙发、茶几、桌子、椅子等；家电，是指住宿配套用的电视机、电冰箱、电水壶、电磁炉等；床上用品，是指客房床上用的床垫、床单、被套、蚊帐、席子、枕头等；生活用品，是指住宿客人用的毛巾、浴巾、香皂、沐浴露、牙刷、牙膏、梳子、一次性拖鞋等；其余成本项目的解释同蔬菜、餐饮等成本项目。

三、核算方法

农家乐服务的成本，通过"经营支出——服务成本"科目核算。

农家乐服务的成本核算采用分类法，以月作为成本核算周期。在"经营支出——服务成本"下，以农家乐服务的大类作为成本核算对象，如果经济责任制考核需要，也可以农家乐服务的种类作为成本核算对象，按相应的成本项目，归集和分配餐饮的原料和辅料、游乐的器具和玩具、住宿的床上用品和生活用品等直接材料费和直接人工费以及应归属于各服务大类、种类成本的水电费、修理费、折旧费等其他费用。本月农家乐各服务大类、种类归集和分配的全部服务费用，即为本月农家乐各服务大类、种类的服务成本。

对于经营单一大类、种类的农家乐服务，由于采购的物资局限于某一服务大类、种类，一般采购量不大，每月物资的收、发常态化循环。因此，为简化成本核算，物资的收、发、存可采用"直接成本法"。

对于经营多种大类、种类的农家乐服务，为了正确核算各大类、种类农家乐服务的成本，物资的收、发、存应采用"永续盘存制"方法。

四、核算实例

某农家乐专业合作社为小规模纳税人，经营单一餐饮服务（注：物资的收、发、存采用"直接成本法"）。

（1）合作社向某畜禽公司购买猪肉 9 800 元，禽、蛋 8 826 元，合计货款 18 626 元，增值税免税，用存款支付。会计分录：

借：经营支出——服务成本（餐饮-原料）
18 626

贷：银行存款　　　　18 626

（2）合作社向某农贸市场购买 11 500 元的蔬菜，增值税免税，用现金支付。会计分录：

借：经营支出——服务成本（餐饮-原料）
11 500

贷：库存现金　　　　11 500

（3）合作社向某粮食专业合作社购买大米 900 千克，每千克 6 元，计 5 400 元，增值税免税，款项未付。会计分录：

借：经营支出——服务成本（餐饮-原料）
5 400

贷：应付款——××粮食专业合作社
5 400

（4）合作社向某超市购买 5 千克装食用油 120 桶，每桶含税价格 46.40 元，计 5 568 元，用存款支付。会计分录：

借：经营支出——服务成本（餐饮-辅料）
5 568

贷：银行存款　　　　5 568

（5）合作社向某杂货店购买洗洁精等洗涤用品一批，价格 300 元，增值税税率 16%，计 48 元，价税合计 348 元，用现金支付。会计分录：

　　　　借：经营支出——服务成本（餐饮-日用品）

　　　　　　　　　　　　　　　　348

　　　　贷：库存现金　　　　　　348

　　（6）合作社向某饮料公司购买饮料一批，价款 6 200 元，增值税税率 16％，计 992 元，价税合计 7 192 元，用存款支付。会计分录：

　　　　借：经营支出——服务成本（餐饮-附消品）

　　　　　　　　　　　　　　　　7 192

　　　　贷：银行存款　　　　　　7 192

　　（7）合作社向某商场购买碗、盆餐具一批，价款 3 000 元，增值税税率 16％，计 480 元，价税合计 3 480 元，用存款支付。会计分录：

　　　　借：经营支出——服务成本（餐饮-餐具）

　　　　　　　　　　　　　　　　3 480

　　　　贷：银行存款　　　　　　3 480

　　（8）合作社向某百货商店购买送菜小推车 2 辆，每辆价格 425 元，计 850 元，增值税税率 16％，计 136 元，价税合计 986 元，用现金支付。会计分录：

　　　　借：经营支出——服务成本（餐饮-小用具）

　　　　　　　　　　　　　　　　986

　　　　贷：库存现金　　　　　　986

　　（9）用存款支付本月天然气费，价税合计 6 960 元。会计分录：

　　　　借：经营支出——服务成本（餐饮-燃料）

　　　　　　　　　　　　　　　　6 960

　　　　贷：银行存款　　　　　　6 960

　　（10）支付本月厨师、领班、服务员工资 29 300 元，用存款汇入个人卡。会计分录：

借：经营支出——服务成本（餐饮-工资）

29 300

贷：应付工资——服务人员工资　29 300

借：应付工资——服务人员工资　29 300

贷：银行存款　　　　　　　　　29 300

（注：若该农家乐专业合作社本月餐饮仅发生以上 10 笔经济业务，则本月餐饮服务成本为 10 笔经济业务相加，即 89 360 元。）

第四章　财务报表

第一节　财务报表概述

一、财务报表的概念

财务报表是合作社根据账簿资料定期编制，总括地反映合作社某一特定日期财务状况和某一会计期间经营成果等会计信息的文件。它是根据合作社日常会计核算资料进行归集、整理后生成编制的，是合作社会计核算的最终成果。

二、财务报表的组成

合作社一套完整的财务报表包括资产负债表、盈余及盈余分配表、科目余额表、收支明细表、成员权益变动表等会计报表和财务状况说明书。

三、财务报表的分类

合作社财务报表一般可以按照其所反映的经济内容、编报时间和报送对象进行分类。

（一）财务报表按照反映的经济内容分类

（1）资产负债表；

（2）盈余及盈余分配表；

（3）科目余额表；

（4）收支明细表；

（5）成员权益变动表；

（6）财务状况说明书。

（二）财务报表按照编报的时间分类

（1）月度报表：资产负债表、盈余及盈余分配表、科目余额表和收支明细表；

（2）年度报表：资产负债表、盈余及盈余分配表、科目余额表、收支明细表、成员权益变动表和财务状况说明书。

（三）财务报表按照报送的对象分类

（1）对外报表：资产负债表、盈余及盈余分配表、成员权益变动表和财务状况说明书；

（2）内部报表：资产负债表、盈余及盈余分配表、科目余额表、收支明细表、成员权益变动表和财务状况说明书。

四、财务报表编制前的准备工作

合作社在编制财务报表前，必须做好下列准备工作：

①严格审核会计账簿的记录和有关资料；

②检查相关的会计核算是否符合《农民专业合作社财务会计制度（试行)》的规定；

③进行全面的财产清查，核实债权、债务，发现问题及时查处；

④按规定的结账日进行结账，结出每个会计账户的发生额和余额，并核对各种会计账簿之间的相互依存和勾稽关系。

第二节　资产负债表

资产负债表是反映合作社在某一特定日期财务状况的会计报表。

一、资产负债表的格式

表 4-1　资产负债表

编制单位：　　　　　　　　　　年　月　日　　　　　　　　单位：元

资　产	行次	年初数	期末数	负债及所有者权益	行次	年初数	期末数
流动资产：				流动负债：			
货币资金	1			短期借款	31		
应收款项	5			应付款项	32		
存货	6			应付工资	33		
流动资产合计	10			应付盈余返还	34		
长期资产：				应付剩余盈余	35		
对外投资	11			**流动负债合计**	36		
农业资产：							
牲畜（禽）资产	12						
林木资产	13			长期负债：			
其他农业资产	14			长期借款	40		
农业资产合计	15			专项应付款	41		
固定资产：				**长期负债合计**	42		
固定资产原值	16			**负债合计**	43		
减：累计折旧	17						
固定资产净值	20						
固定资产清理	21			所有者权益：			

（续）

资　产	行次	年初数	期末数	负债及所有者权益	行次	年初数	期末数
在建工程	22			股金	44		
固定资产合计	25			专项基金	45		
其他资产：				资本公积	46		
无形资产	26			盈余公积	47		
长期待摊费用	27			未分配盈余	50		
其他资产合计	28						
长期资产合计	29			**所有者权益合计**	51		
资产总计	30			**负债和所有者权益总计**	54		

补　充　资　料	金　额	备　注
无法收回，尚未批准核销的应收款项		
盘亏、毁损和报废、尚未批准核销的存货		
无法收回、尚未批准核销的对外投资		
死亡毁损、尚未批准核销的农业资产		
盘亏、毁损和报废、尚未批准核销的固定资产		
毁损和报废、尚未批准核销的在建工程		
注销和无效、尚未批准核销的无形资产		

负责人：　　　　　　会计：　　　制表日期：　　年　月　日

二、资产负债表的编制说明

资产负债表分为左右两方，左方为资产项目，右方为负债及所有者权益项目。各项目必须按实填列年初数和期末数。

（一）资产负债表"年初数"栏编制说明

资产负债表"年初数"栏内各项数字，应根据上年末资产负债表"期末数"栏内所列数字填列。如果本年度资产负债表规定的项目名称和内容与上年度不一致，应对上年末资产负债表相关项目的名称和数字按照本年度的规定进行调整，填入本表"年初数"栏内，并加以书面说明。

（二）资产负债表"期末数"栏编制说明

资产负债表"期末数"栏各项目的内容及填列方法：

（1）"货币资金"项目，反映合作社库存现金、银行存款和其他货币资金的合计数。本项目应根据"库存现金""银行存款""其他货币资金"科目期末余额的合计数填列。

（2）"应收款项"项目，反映合作社应收而未收回和暂付的各种款项。本项目应根据"应收款"和"成员往来"科目各明细科目期末借方余额的合计数填列。

（3）"存货"项目，反映合作社期末在库、在途和在加工中的各项存货的价值，包括各种材料、燃料、机械零配件、包装物、种子、化肥、农药、农产品、在产品、半成品、产成品等。本项目应根据"产品物资""包装物""委托加工物资""委托代销商品""受托代购商品""受托代销商品""生产成本""服务成本""劳务成本"科目期末余额的合计数填列。

（4）"对外投资"项目，反映合作社各种对外投资的账面余额。本项目应根据"对外投资"科目的期末余额填列。

（5）"牲畜（禽）资产"项目，反映合作社购入或饲养的幼畜及育肥畜和产役畜的账面余额。本项目应根据"牲畜（禽）资产"科目的期末余额填列。

（6）"林木资产"项目，反映合作社购入或培植林木的账面余额。本项目应根据"林木资产"科目的期末余额填列。

（7）"其他农业资产"项目，反映合作社除牲畜（禽）资产、林木资产以外的其他农业资产的账面余额。本项目应根据"其他农业资产"科目的期末余额填列。

（8）"固定资产原值"项目，反映合作社各种固定资产的账面余额。本项目应根据"固定资产"科目的期末余额填列。

（9）"累计折旧"项目，反映合作社各种固定资产计提的累计折旧的账面余额。本项目应根据"累计折旧"科目的期末余额填列。

（10）"固定资产净值"项目，反映合作社各种固定资产的价值（即净值）。本项目应根据"固定资产"科目的期末余额减去"累计折旧"科目的期末余额填列。

（11）"固定资产清理"项目，反映合作社因出售、报废、毁损等原因转入清理但尚未清理完毕的固定资产的账面净值，以及固定资产清理过程中所发生的清理费用和变价收入等各项金额的差额。本项目应根据"固定资产清理"科目的期末借方余额填列，如为贷方余额，本项目数字以"—"表示。

（12）"在建工程"项目，反映合作社各项尚未完工或虽已完工但尚未办理竣工决算和交付使用的工程项目实际成本。本项目应根据"在建工程"科目的期末余额填列。

（13）"无形资产"项目，反映合作社持有的各项无形资产的账面余额。本项目应根据"无形资产"科目的期末余额填列。

（14）"长期待摊费用"项目，反映合作社分摊期限在一年以上（不含一年）的各种待摊费用。本项目应根据"长期待摊费用"科目的期末余额填列。

（15）"短期借款"项目，反映合作社向银行和其他金融机构借入尚未归还的一年期以下（含一年）的各种借款。本项目应根据"短期借款"科目的期末余额填列。

（16）"应付款项"项目，反映合作社应付而未付和暂收的各种款项。本项目应根据"应付款"和"成员往来"科目各明细科目期末贷方余额的合计数填列。

（17）"应付工资"项目，反映合作社已提取但尚未支付的人员工资。本项目应根据"应付工资"科目的期末余额填列。

（18）"应付盈余返还"项目，反映合作社按成员与本社交易量（额）比例返还，应付但尚未付给成员的可分配盈余返还。本项目应根据"应付盈余返还"科目的期末余额填列。

（19）"应付剩余盈余"项目，反映合作社按成员账户中记载的成员出资、公积金份额、形成财产的财政补助资金量化份额、捐赠财产量化份额（即公积金总额）按比例分配，应付但尚未付给成员的可分配剩余盈余。本项目应根据"应付剩余盈余"科目的期末余额填列。

（20）"长期借款"项目，反映合作社向银行和其他金融机构借入尚未归还的一年期以上（不含一年）的各种借款。本项目应根据"长期借款"科目的期末余额填列。

（21）"专项应付款"项目，反映合作社实际收到国家财政直接补助而尚未使用和结转的资金数额。本项目应根据"专项应付款"科目的期末余额填列。

（22）"股金"项目，反映合作社实际收到成员投入的股金总额。本项目应根据"股金"科目的期末余额填列。

（23）"专项基金"项目，反映合作社通过国家财政直接补助转入和他人捐赠形成的专项基金总额。本项目应根据"专项基金"科目的期末余额填列。

（24）"资本公积"项目，反映合作社资本公积的账面余额。本项目应根据"资本公积"科目的期末余额填列。

（25）"盈余公积"项目，反映合作社盈余公积的账面余额。本项目应根据"盈余公积"科目的期末余额填列。

（26）"未分配盈余"项目，反映合作社尚未分配的盈余。本项目应根据"本年盈余"科目和"盈余分配"科目的期末余额计算填列，如为未弥补的亏损，本项目数字以"—"表示。

三、资产负债表的平衡等式

①资产总计＝负债合计＋所有者权益合计；

②负债合计＝流动负债合计＋长期负债合计；

③所有者权益合计＝股金＋专项基金＋资本公积＋盈余公积＋未分配盈余。

第三节　盈余及盈余分配表

盈余及盈余分配表是反映合作社在一定会计期间实现的盈余及盈余分配情况的会计报表。

一、盈余及盈余分配表的格式

表 4－2　盈余及盈余分配表

编制单位：　　　　　　　　　年　月　　　　　　　单位：元

项目	行次	本月数	累计数	项目	行次	本月数	累计数
本年盈余				盈余分配			
一、经营收入	1			四、本年盈余	16		
加：投资收益	2			加：年初未分配盈余	17		
减：经营支出	5			其他转入	18		
管理费用	6			五、可分配盈余	21		
二、经营收益	10			减：提取盈余公积	22		
加：其他收入	11			盈余返还	23		
减：其他支出	12			剩余盈余分配	24		
三、本年盈余	15			六、年末未分配盈余	28		

负责人：　　　　　　　会计：　　　制表日期：　年　月　日

二、盈余及盈余分配表的编制说明

盈余及盈余分配表分为左右两方,左方为本年盈余项目,右方为盈余分配项目。各项目必须按实填列本月数和累计数。

盈余及盈余分配表各项目的内容及填列方法:

(1)"经营收入"项目,反映合作社销售产品、提供服务和劳务等活动取得的收入。本项目应根据"经营收入"科目的发生额分析填列。

(2)"投资收益"项目,反映合作社对外投资所取得的收益。本项目应根据"投资收益"科目的发生额分析填列,如为投资损失,本项目数字以"—"表示。

(3)"经营支出"项目,反映合作社进行生产、服务和劳务等活动发生的支出。本项目应根据"经营支出"科目的发生额分析填列。

(4)"管理费用"项目,反映合作社为组织和管理生产、服务和劳务活动而发生的费用。本项目应根据"管理费用"科目的发生额分析填列。

(5)"经营收益"项目,反映合作社经营实现的收益,如为亏损,本项目数字以"—"表示。本项目应根据"经营收入+投资收益-经营支出-管理费用"填列。

(6)"其他收入"项目,反映合作社除经营收入以外的收入。本项目应根据"其他收入"科目的发生额分析填列。

(7)"其他支出"项目,反映合作社除经营支出、管理费用以外的支出。本项目应根据"其他支出"科目的发生额分析填列。

(8)"本年盈余"项目,反映合作社实现的盈余,如为亏损,本项目数字以"—"表示。本项目应根据"本年盈余"科目的发生额分析填列。

（9）"年初未分配盈余"项目，反映合作社上年未分配的盈余，如为未弥补亏损，本项目数字以"—"表示。本项目应根据上年度盈余及盈余分配表中的"年末未分配盈余"数额填列。

（10）"其他转入"项目，反映合作社按规定用公积金弥补亏损等转入的数额。本项目应根据实际转入的公积金数额填列。

（11）"可分配盈余"项目，反映合作社年末可供分配的盈余。本项目应根据"本年盈余"项目、"年初未分配盈余"项目和"其他转入"项目的合计数填列。

（12）"提取盈余公积"项目，反映合作社按规定提取的盈余公积数额。本项目应根据实际提取的盈余公积数额填列。

（13）"盈余返还"项目，反映合作社按交易量（额）应返还给成员的盈余。本项目应根据"盈余分配——各项分配（盈余返还）"科目的发生额分析填列。

（14）"剩余盈余分配"项目，反映合作社按规定应分配给成员的剩余盈余。本项目应根据"盈余分配——各项分配（剩余盈余分配）"科目的发生额分析填列。

（15）"年末未分配盈余"项目，反映合作社年末累计未分配的盈余，如为未弥补的亏损，本项目数字以"—"表示。本项目应根据"可分配盈余"项目扣除各项分配数额后的差额填列。

三、盈余及盈余分配表的平衡等式

①经营收益＝经营收入＋投资收益－经营支出－管理费用；
②本年盈余＝经营收益＋其他收入－其他支出；
③可分配盈余＝本年盈余＋年初未分配盈余＋其他转入；
④年末未分配盈余＝可分配盈余－提取盈余公积－盈余返还－剩余盈余分配。

第四节　科目余额表

科目余额表是反映合作社各会计科目本期发生额和结余情况的会计报表。

一、科目余额表的格式

表 4 - 3　科目余额表

编制单位：　　　　　　　　　　年　月　　　　　　　　单位：元

科目名称	借/贷	期初余额	本期借方发生额	本期贷方发生额	借/贷	期末余额
101 库存现金	借				借	
102 银行存款	借				借	
109 其他货币资金	借				借	
113 应收款	借				借	
114 成员往来	借				借	
121 产品物资	借				借	
122 包装物	借				借	
124 委托加工物资	借				借	
125 委托代销商品	借				借	
127 受托代购商品	借				借	
128 受托代销商品	借				借	
131 对外投资	借				借	
141 牲畜（禽）资产	借				借	
142 林木资产	借				借	
149 其他农业资产	借				借	
151 固定资产	借				借	

（续）

科目名称	借/贷	期初余额	本期借方发生额	本期贷方发生额	借/贷	期末余额
152 累计折旧	贷				贷	
153 在建工程	借				借	
154 固定资产清理	借				借	
161 无形资产	借				借	
171 长期待摊费用	借				借	
资产合计	借				借	
401 生产成本	借				借	
402 服务成本	借				借	
403 劳务成本	借				借	
成本合计	借				借	
521 经营支出	平				平	
522 管理费用	平				平	
529 其他支出	平				平	
支出合计	平				平	
借方总计	借				借	
201 短期借款	贷				贷	
211 应付款	贷				贷	
212 应付工资	贷				贷	
221 应付盈余返还	贷				贷	
222 应付剩余盈余	贷				贷	
231 长期借款	贷				贷	
235 专项应付款	贷				贷	
负债合计	贷				贷	
301 股金	贷				贷	
311 专项基金	贷				贷	

（续）

科目名称	借/贷	期初余额	本期借方发生额	本期贷方发生额	借/贷	期末余额
321 资本公积	贷				贷	
322 盈余公积	贷				贷	
331 本年盈余	贷				贷	
332 盈余分配	贷				贷	
所有者权益合计	贷				贷	
501 经营收入	平				平	
502 其他收入	平				平	
511 投资收益	平				平	
收入合计	平				平	
贷方总计	贷				贷	

负责人：　　　　　会计：　　　　　制表日期：　年　月　日

二、科目余额表的编制说明

会计科目是账户的名称，也是设置账户的依据，账户是会计科目的具体运用。

账户分为左右两方。在借贷记账法中，账户的左方为借方，右方为贷方。所有账户的借方和贷方按相反方向记录增加数和减少数，即一方登记增加数，另一方登记减少数。

科目余额表填列方法：

（1）科目余额表中的科目名称、期初余额、本期借方发生额、本期贷方发生额和期末余额，根据总账账户名称、总账账户中各账户记载的期初余额、本期借方发生额合计、本期贷方发生额合计和期末余额直接填列，其中期初余额和期末余额应注明余额的方向（借方或贷方）。

（2）编制科目余额表后，检查账户记录是否正确。

三、科目余额表的平衡等式

①借方总计＝贷方总计；

②借方总计＝资产合计＋成本合计＋支出合计；

（注：资产合计中的"累计折旧"科目，是"固定资产"科目的备抵科目。因此，"累计折旧"科目的期初余额和期末余额方向均为贷方，本期借方发生额表示减少数，本期贷方发生额表示增加数。）

③贷方总计＝负债合计＋所有者权益合计＋收入合计。

第五节　收支明细表

收支明细表是反映合作社各月及本年累计发生的各项收入和各项支出情况的会计报表。

一、收支明细表的格式

表4-4　收支明细表

编制单位：　　　　　　年　月　　　　　　单位：元

项　目	行次	本月数	本年累计数	项　目	行次	本月数	本年累计数
一、经营收入	1			一、经营支出	31		
1. 产品销售收入	2			1. 产品销售成本	32		
2. 物资销售收入	3			2. 物资销售成本	33		
3. 委托代销商品收入	4			3. 委托代销商品成本	34		
4. 受托代购商品收入	5			4. 受托代购商品成本	35		

（续）

项　目	行次	本月数	本年累计数	项　目	行次	本月数	本年累计数
5. 受托代销商品收入	6			5. 受托代销商品成本	36		
6. 租赁收入	7			6. 租赁成本	37		
7. 服务收入	8			7. 服务成本	38		
8. 劳务收入	9			8. 劳务成本	39		
	10			二、管理费用	40		
	11			1. 办公费	41		
二、其他收入	12			2. 差旅费	42		
1. 补助收入	13			3. 交通费	43		
2. 发包收入	14			4. 修理费	44		
3. 利息收入	15			5. 工资	45		
4. 贴息收入	16			6. 补贴及福利	46		
5. 资产盘盈及收益	17			7. 折旧费	47		
6. 处置非流动资产利得	18			8. 接待费	48		
7. 其他	19			9. 其他	49		
	20			三、其他支出	50		
三、投资收益	21			1. 土地租赁费	51		
1. 债券投资收益	22			2. 销售费用	52		
2. 股票投资收益	23			3. 保险支出	53		
3. 对外单位投资收益	24			4. 利息支出	54		
4. 其他投资收益	25			5. 抗灾支出	55		
	26			6. 资产盘亏及损失	56		
	27			7. 处置非流动资产损失	57		
	28			8. 其他	58		
收入总计	29			支出总计	59		
	30			盈余（亏损"－"）	60		

负责人：　　　　　　会计：　　　制表日期：　　年　月　日

二、收支明细表的编制说明

收支明细表分为左右两方，左方为收入项目，右方为支出项目。各项目必须按实填列本月数和本年累计数。

收支明细表各项目的"本月数"和"本年累计数"，分别根据损益类总账科目及其所属明细科目的本月发生额和累计发生额分析填列。

三、收支明细表的平衡等式

①盈余＝收入总计－支出总计；
（注：如为亏损，本项目数字以"－"号表示。）
②收入总计＝经营收入＋其他收入＋投资收益；
③支出总计＝经营支出＋管理费用＋其他支出。

第六节　成员权益变动表
与成员账户

一、成员权益变动表

成员权益变动表是反映合作社报告年度成员权益增减变动情况的会计报表。

（一）成员权益变动表的格式

表 4－5 成员权益变动表

_____年

编制单位：   单位：元

项目	股金	专项基金	资本公积	盈余公积	未分配盈余	合计
年初余额						
本年增加数						
	其中：	其中：	其中：	其中：		
	资本公积转增	国家财政直接补助	股金溢价	从盈余中提取		
	盈余公积转增	接受捐赠转入	资产评估增值			
	成员增加出资					
本年减少数						
					其中：	
					按交易量（额）分配的盈余	
					剩余盈余分配	
年末余额						

负责人：   会计：   制表日期： 年 月 日

（二）成员权益变动表的编制说明

（1）成员权益变动表按年编制。

（2）"股金""专项基金""资本公积""盈余公积"项目，分别根据"股金""专项基金""资本公积""盈余公积"科目的年初余额、本年增加数、本年减少数、年末余额填列。

（3）"未分配盈余"项目，年初余额根据"盈余分配——未分配盈余"的年初余额填列，如为未弥补的亏损，本项目数字以"一"表示；"本年增加数"，根据本年实现的盈余数填列，如为亏损，本项目数字以"一"表示；"本年减少数"，根据"盈余分配——各项分配"的本年发生额分析填列；"年末余额"，根据"盈余分配——未分配盈余"的年末余额填列，如为未弥补亏损，本项目数字以"一"表示。

（三）成员权益变动表的平衡等式

① "股金"年末余额＝年初余额＋本年增加数－本年减少数；

② "专项基金"年末余额＝年初余额＋本年增加数－本年减少数；

③ "资本公积"年末余额＝年初余额＋本年增加数－本年减少数；

④ "盈余公积"年末余额＝年初余额＋本年增加数－本年减少数；

⑤ "未分配盈余"年末余额＝年初余额＋本年增加数－本年减少数。

二、成员账户

"成员账户"是合作社特有的重要账户。"成员账户"反映合作社成员的出资额、量化到成员的公积金份额、量化到成员的形成财产的财政补助资金份额、量化到成员的捐赠财产份额、成员与本合作社的交易量（额）以及返还给成员的盈余金额和返还给成员的剩余盈余金额。

（一）成员账户的格式

表 4-6 成员账户

成员姓名： 联系地址： 联系电话： 第 页

编号	年		凭证号数	摘要	成员出资	公积金份额	形成财产的财政补助资金量化份额	捐赠财产量化份额	交易量		交易额		盈余返还金额	剩余盈余返还金额
	月	日							产品1	产品2	产品1	产品2		
1														
2														
3														
4														
5														
6														
7														
8														
9														
10														
年终合计				公积金总额：			盈余返还总额：							

（二）成员账户的登记说明

设置"成员账户"。成员账户的首页设置汇总，按合作社成员设置明细（注明成员个人姓名或成员单位名称、联系地址、联系电话），每个成员 1 页。

（1）年、月、日和凭证号数、摘要，按照会计凭证登记。

（2）成员出资，根据"股金"账户，按各成员每笔股金的发生额填列。

（3）公积金份额，根据"资本公积"账户和"盈余公积"账户每笔发生额，按成员账户中的"成员出资"比例计算填列。

（4）形成财产的财政补助资金量化份额，根据"专项基金——财政直接补助"账户中的每笔发生额，按成员账户中的"成员数"平均计算填列。

（5）捐赠财产量化份额，根据"专项基金——捐赠"账户中的每笔发生额，按成员账户中的"成员数"平均计算填列。

（6）交易量，按成员与合作社实际发生的交易量填列，并在计算盈余返还时进行汇总。

（7）交易额，按成员与合作社实际发生的交易额填列，并在计算盈余返还时进行汇总。

（8）盈余返还金额，根据合作社章程规定或者经成员大会决议确定，并根据《中华人民共和国农民专业合作社法》的有关规定，盈余返还的总额不得低于可分配盈余（在弥补亏损、提取公积金后的当年盈余，为农民专业合作社的可分配盈余）的60％，按成员账户中汇总的交易量或汇总的交易额比例计算填列。

（9）剩余盈余返还金额，合作社按交易量（额）返还盈余后，根据合作社章程规定或者经成员大会决议分配的剩余盈余金额，按成员账户中的"成员出资""公积金份额""形成财产的财政补助资金量化份额""捐赠财产量化份额"，即公积金总额（简称"一资三额"），按比例计算填列。

（10）公积金总额，按成员账户中的"一资三额"的合计数填列。

（11）盈余返还总额，按成员账户中的"盈余返还金额"和"剩余盈余返还金额"的合计数填列。

（12）成员账户按年登记，年度终了，成员账户各栏目应计算年终合计，结束旧账，并在新的一年年初建立新账。建立新成员账户时，应将旧成员账户的年末余额过入下一年度新成员账户的第一行，同时在摘要栏内记载"上年结转"或"承上年"。

（13）成员退社，根据《中华人民共和国农民专业合作社法》的规定，合作社成员要求退社的，经合作社理事会批准后，退社成员的成员资格自财务年度终了时终止。成员资格终止的，合作社应当按照章程规定的方式和期限，退还该成员的"成员出资"和"公积金份额"；但对该成员的"形成财产的财政补助资金量化份额"和"捐赠财产量化份额"不予退还，并将此部分份额另行平均量化给现有剩余成员。对成员资格终止前的当年可分配盈余，根据规定，按比例分配其应有所得。

第七节　财务状况说明书

　　财务状况说明书是对合作社一定会计期间内生产经营、提供服务或劳务以及财务、成本情况等进行分析的说明。

　　财务状况说明书与资产负债表、盈余及盈余分配表、科目余额表、收支明细表和所有者权益变动表具有同等的重要性。财务状况说明书是财务报表的重要组成部分。

一、财务状况说明书的作用

　　（1）财务状况说明书是对合作社资产负债表、盈余及盈余分配表、收支明细表和所有者权益变动表列示项目含义的补充说明，以帮助财务报表使用者阅读和分析。

　　（2）财务状况说明书提供了对合作社资产负债表、盈余及盈余分配表、收支明细表和所有者权益变动表中未列示项目的详细或明细说明。

（3）通过财务状况说明书与合作社资产负债表、盈余及盈余分配表、收支明细表和所有者权益变动表列示项目的相互参照关系，以及对未能在财务报表中列示项目的说明，可以使财务报表使用者全面了解合作社的财务状况、经营成果、收支明细以及所有者权益的情况。

二、财务状况说明书的内容

财务状况说明书没有统一的格式。合作社应于年末编写财务状况说明书。

合作社财务状况说明书的主要内容有：

（1）基本情况，包括合作社的股金、成员数（成员个人数、单位数）、生产经营项目（租赁土地、水面面积和房屋面积，种植、养殖的品种及规模等）；

（2）经营收入、经营支出和盈余明细，与本年度计划、与上年度实际对比分析；

（3）应收款、应付款、成员往来、应付工资明细及分析；

（4）短期借款、长期借款的金额、利率、期限等明细及分析；

（5）应付盈余返还、应付剩余盈余的明细及分析；

（6）存货的明细及分析；

（7）对外投资的明细及投资收益分析；

（8）农业资产的明细及分析；

（9）固定资产的明细及分析；

（10）在建工程的明细及分析；

（11）无形资产、长期待摊费用的明细及分析；

（12）专项应付款的明细及分析；

（13）专项基金的明细及分析；

（14）资本公积的明细及分析；

（15）盈余公积的明细及分析；

（16）未分配盈余的明细及分析。

第五章　财务分析

第一节　财务分析概述

一、财务分析的意义

（1）评价合作社的财务状况、经营成果等情况，揭示合作社在经营活动中存在的矛盾和问题，为改善经营管理水平提供方向和线索。

（2）预测合作社未来的效益和风险，为投资人、债权人和经营者提供信息。

（3）检查合作社预算完成情况，考核经营管理人员的业绩，为建立健全合理的激励机制提供依据。

二、财务分析的内容

（1）评价合作社的偿债能力，分析合作社资产、负债的分布和构成的变动情况。

（2）评价合作社资产的营运能力，分析合作社资产的配置是否合理及资产周转速度的快慢情况，尤其要注重产品物资有否长期积压、应收款和应付款有否长期不清及呆账情况。

（3）评价合作社的盈利能力，分析合作社盈余目标的完成情况和历年盈余水平的变动情况。

（4）评价合作社的资金实力，分析合作社资金保全和增值情况。

三、财务分析的基本方法

1. 比较分析法

比较分析法是通过将某项财务指标与性质相同的指标进行对比，揭示合作社财务状况、经营成果等情况的一种分析方法。

比较分析法是最基本的财务分析方法，通常有三种分析形式：①实际指标与计划指标比较分析；②本期指标与上期指标比较分析；③本合作社相关指标与国内外先进合作社相关指标比较分析。

2. 比例分析法

比例分析法是利用会计报表及有关资料中两项数值的比例，揭示合作社财务状况、经营成果等情况的一种分析方法。

比例分析法已成为当前财务分析的主要方法。比例分析法常用的比例有：①相关比例，即同一时期会计报表及有关资料中两项相关数值的比例，如流动资产占流动负债的比例等；②结构比例，即会计报表中某项目的数值与各项目总和的比例，如应收款占流动资产的比例等；③效率比例，即用以计算某项经济活动中所耗与所得的比例，如盈余占成本费用的比例、盈余占经营收入的比例、盈余占总资产的比例等。

3. 趋势分析法

趋势分析法是利用会计报表等提供的数据资料，将各期实际指标与历史指标进行定基对比和环比对比，揭示相应指标增减变动金额和幅度以及某个总体指标各组成项目占百分比的增减变动等变化趋势的一种分析方法。

第二节　财务报表分析指标

合作社的财务报表分析指标主要有以下 18 项。

1. 流动比例

流动比例＝流动资产总额÷流动负债总额×100%

流动比例反映合作社可以在短期内以转变为现金的流动资产偿付到期流动债务的能力。此比例越大，说明资产流动性越强，短期偿债能力也越强。

2. 速动比例

速动比例＝速动资产总额÷流动负债总额×100%

速动资产总额＝流动资产总额－存货总额

速动比例反映合作社可以立即使用流动资产偿付流动负债的能力。此比例越大，说明该合作社可以立即用于偿付流动负债的能力越强。

3. 现金比例

现金比例＝（货币资金总额＋可变现的有价证券）÷流动负债×100%

现金比例反映合作社即期偿债能力的比例。此比例越大，说明现金类资产在流动资产中所占的比例越大，应急能力也就越强。

4. 资产负债率

资产负债率＝负债总额÷资产总额×100%

资产负债率反映合作社的债权人提供资金所占的比重，以及合作社资产对债权人权益的保障程度。此比例越小，说明长期偿债能力越强。此比例大于 100%，说明资不抵债。

5. 经营盈余率

经营盈余率＝经营收益总额÷经营收入总额×100%

经营盈余率反映合作社的获利能力。此比例越大，说明从经营收入中获取盈余的能力越强。

6. 成本费用盈余率

成本费用盈余率＝经营收益总额÷经营支出总额×100％

成本费用盈余率反映合作社在生产经营过程中耗费与收益之间的关系。此比例越大，说明耗费所取得的收益越高。

7. 总资产盈余率

总资产盈余率＝本年盈余总额÷平均资产总额×100％

平均资产总额＝（期初资产总额＋期末资产总额）÷2

总资产盈余率反映合作社资产综合利用的效果。比比例越大，说明资产利用效益越好，经营管理水平越高。

8. 流动资产周转次数（天数）

流动资产周转次数＝经营收入总额÷流动资产平均占用额

流动资产平均占用额＝（期初流动资产总额＋期末流动资产总额）÷2

流动资产周转天数＝360天÷流动资产周转次数

流动资产周转次数（天数）反映合作社流动资产周转速度。周转次数越多或周转天数越少，说明流动资产的利用效果越好。

9. 总资产周转率

总资产周转率＝经营收入总额÷平均资产总额

平均资产总额＝（期初资产总额＋期末资产总额）÷2

总资产周转率反映合作社全部资产的利用效果。此比例越大，说明全部资产的使用效率越高、营运能力越强。

10. 产权比例

产权比例＝负债总额÷所有者权益总额×100％

产权比例反映合作社的债权人投入的资本受到股东权益的保障程度。此比例越小，说明债权人承担的风险越小。

11. 权益资产率

权益资产率＝所有者权益总额÷资产总额×100％

权益资产率反映合作社的自有资本在资产总额中所占的比重。一般认为，此比例超过50％，说明经营安全性较强。

12. 权益负债率

权益负债率＝所有者权益总额÷负债总额×100％

权益负债率反映合作社的自有资本与负债的比例关系，是反映合作社经营安全性的一个指标。此比例大于100％，说明自有资本大于借入资金。

13. 股金构成率

股金构成率＝股金÷所有者权益总额×100％

股金构成率反映合作社报告期末的股金与所有者权益总额的比重。此比例越小，说明股金安全程度和经营状况越好。

14. 流动负债构成率

流动负债构成率＝流动负债总额÷负债总额×100％

流动负债构成率反映合作社报告期末的流动负债总额与负债总额的比重。一般情况下，流动负债增加，经营收入和流动资产也会相应增加。

15. 长期负债构成率

长期负债构成率＝长期负债总额÷负债总额×100％

长期负债构成率反映合作社报告期末的长期负债总额与负债总额的比重。只有当合作社生产的产品销售较好时，利用长期负债进行经营风险才较小。

16. 销售增长率

销售增长率＝本期经营收入增长额÷上期经营收入总额×100％

本期经营收入增长额＝本期经营收入总额－上期经营收入总额

销售增长率反映合作社成长状况和发展能力，是衡量合作社经营状况和市场占有能力的指标。此比例越大，说明产品销售前景越好。

17. 资本增长率

资本增长率＝本期所有者权益增长额÷期初所有者权益总额×100%

本期所有者权益增长额＝本期所有者权益总额－上期所有者权益总额

资本增长率反映合作社当年资本的增长能力，可评估合作社的发展潜力。此比例越大，说明合作社发展越强盛。

18. 资产增长率

资产增长率＝本期资产增加额÷期初资产总额×100%

本期资产增加额＝本期资产总额－上期资产总额

资产增长率反映合作社本期资产的增长状况。此比例越大，说明合作社发展有后劲，但应注意经营规模的质量，避免资产盲目扩张。

附录　家庭农场财务核算

　　家庭农场以农民家庭为生产单位，是现代农业的经营主体。作为一个单位，家庭农场应该并且必须进行财务核算，正确核算各项收入、各项支出和盈余，如实记载农作物产量，全面反映土地等资源、资产的产出情况，方便家庭农场主自己了解经营情况，为上级有关部门提供有用的信息。

　　为了规范家庭农场的财务管理与会计核算，本着"简易实用、方便操作"的宗旨，设置专用"二账一表"。"二账"是指收支日记账和农本日记账，"一表"是指经营情况表，其中收支日记账和农本日记账是编制经营情况表的主要依据。家庭农场应根据实际发生的经济业务事项，及时登记收支日记账，涉及农作物农本的，应同时登记农本日记账；有关应收款项和应付款项的，应另行在备查簿上登记。登记"二账"，实际上是根据经济业务记"流水账"。收支日记账和农本日记账的登记质量，将会直接影响经营情况表的正确性。为方便登记，可以将"二账"合并为"一账"，即收支、农本日记账，上半本为收支日记账，下半本为农本日记账。

　　家庭农场会计采用公历日期，自1月1日起至12月31日止为一个会计年度。

　　家庭农场的"二账一表"，由家庭农场主本人或家庭人员登记和填制。

　　家庭农场"二账一表"的登记和填制说明如下。

一、收支日记账

收支日记账是家庭农场的主要账簿，可以全面反映家庭农场一年生产经营的各项收入、各项支出和盈余。

收支日记账分为收入、支出和结余三个部分，其中收入、支出又分若干明细项目。收支日记账的收入和支出，采用"权责发生制"原则，也就是属于本期的收入，无论款项是否收到，都应当作为本期的收入；凡属于本期的支出，无论款项是否支付，都应当作为本期的支出。应属于本熟农作物农本的，作为本熟农作物农本；应属于下一熟农作物农本的，作为下一熟农作物农本。

收支日记账中的年、月、日，按经济业务实际发生的日期登记；摘要按经济业务的内容扼要填写；收入和支出的明细项目按经济业务的内容对号入座；每月月终结计本月合计和本月累计。本年发生的属于下年度的农作物农本，应启用下一年度的收支日记账。

（一）收入

收入分为经营收入、补助收入和其他收入 3 个方面。

登记收入时，先登记"总收入"栏，再登记相应的收入项目栏。

1. 经营收入

经营收入是指经营种植业收入和经营其他各业的收入。种植业收入分为粮食作物收入和经济作物收入，包括产品收入和副产品收入。登记种植业收入"粮食作物收入"或"经济作物收入"时，在摘要栏中应注明农作物的名称和产量，如销售稻谷的品种和数量等。农作物的收入应按"收获期"结算。登记其他各业收入时，在摘要栏中应注明其他各业经营项目的名称和相应数量，如编制项目的具体名称及其数量等。

粮食作物收入和经济作物收入的合计即为种植业收入小计，

种植业收入小计和其他各业收入的合计即为经营收入。

2. 补助收入

补助收入是指各级财政和有关部门对家庭农场的各种补贴（补助）和实物分配。补助收入分为种植水稻补贴、冬翻绿肥补贴、蔬菜补贴、农机补贴、其他补贴和水稻种子实物、有机肥实物、化肥实物、农药实物、其他农资实物。收到补贴（补助）和实物分配时，在摘要栏中应注明补贴（补助）和实物分配的名称及相应数量，如实物分配的水稻种子品种和数量等。收到水稻种子、有机肥、化肥、农药等实物时，在登记补助收入的同时必须登记粮食作物等的相应农本。

3. 其他收入

其他收入是指经营收入和补助收入以外的收入，如投保农业保险取得的保险赔款，各种赔偿收入，获得的各种货币奖励和实物奖励等。登记其他收入时，在摘要栏中应注明具体内容。

经营收入、补助收入和其他收入3个方面的合计即为总收入。

（二）支出

支出分为经营支出、土地租赁费、销售费用和其他支出4个方面。

登记支出时，先登记总支出栏，再登记相应的支出项目栏。

1. 经营支出

经营支出是指经营种植业的农本和经营其他各业的成本。种植业的农本分为粮食作物农本和经济作物农本。登记种植业农本"粮食作物农本"或"经济作物农本"时，在摘要栏中应注明农作物的名称及农本内容，如种植水稻支付的机开沟费、机耕费、机播费、机插秧费、机收费，购买的化肥品名和小农具名称，发放的家庭人工费和外来帮工费等。按照农作物的生长周期，各农作物应按收获期正确及时结算农本。结算农本时，对应付未付的化肥和农药等农业生产资料费、机耕和机收等农机作业费、家庭人工费和外来帮工费等人工费，必须全部计入本熟农作物的农本；对库存有机肥、化肥、农药等农业生产资料数量较多的，应进行实地盘点，盘点后冲减本熟农作物的相应农本，并转作下一熟农作物的农本。冲减农本或发生转让农业生产资料时，在收支日记账支出"经营支出"中，种植业农本"粮食作物农本"栏或"经济作物农本"栏用"—"填列。登记其他各业成本时，在摘要栏中应注明其他各业经营项目的名称和成本内容，如编制项目的具体名称及其成本内容等。年末，其他各业经营项目库存材料物资数量较多的，同样要进行实地盘点，冲减相应的成本。冲减成本或发生转让材料物资时，在收支日记账支出"经营支出"中，"其他各业成本"栏用"—"填列。

小计粮食作物农本和经济作物农本的合计即为种植业农本小计，种植业农本和其他各业成本的合计即为经营支出。

2. 土地租赁费

土地租赁费是指家庭农场按照土地租赁合同支付给村民委员会（或承包农户）的土地流转费。登记土地租赁费时，在摘要栏中应注明土地租赁年度面积和亩租赁费等。

3. 销售费用

销售费用是指农产品的加工费用和为销售农产品而发生的营销费用，如稻谷加工大米的加工费和大米包装袋费，销售农产品的运杂费、销售农产品的手续费和广告费等。登记销售费用时，在摘要栏应注明销售费用的内容等。

4. 其他支出

其他支出是指不属于经营支出、土地租赁费和销售费用的支出，如农业保险投保费、向银行等借款支付的利息、各种赔偿费用和损失费用等。登记其他支出时，在摘要栏中应注明其他支出的内容等。

经营支出、土地租赁费、销售费用和其他支出 4 个方面的合计即为总支出。

收支日记账应按页、按年结账。结账后，总收入减去总支出即为结余，如总收入小于总支出，结余数额前用"—"填列。

收支日记账按年度登记。

家庭农场收支日记账采用活页式账簿，账页格式见附表1。

附表1　家庭农场收支日记账

年		摘要	收入								支出									结余
月	日		总收入	经营收入						补助收入	其他收入	总支出	经营支出						土地租赁费	销售费用	其他支出	
				合计	种植业收入			其他各业收入					合计	种植业农本			其他各业成本				
					小计	粮食作物收入	经济作物收入						小计	粮食作物农本	经济作物农本					

二、农本日记账

农本日记账是家庭农场的辅助账，可以全面反映家庭农场种植业各粮食作物的农本和各经济作物的农本及其农本项目的构成，有利于开展农本分析，有利于降低农本，有利于增加经济效益。

农本日记账应分别按农作物的名称设立相应账簿。为了防止遗漏登记农本日记账，在登记收支日记账支出"经营支出"中种植业农本"粮食作物农本"或"经济作物农本"的同时，必须登记农本日记账。农本日记账中的年、月、日和摘要，与登记收支日记账支出"经营支出"中种植业农本"粮食作物农本"或"经济作物农本"的时间、摘要应一致；农本项目按经济业务的内容对号入座；每月月终结计本月合计和本月累计。本年度发生的属于下年度的农作物农本，应启用下一年度的农本日记账。

农本项目共13个，分为种子种苗、有机肥、化肥、植保费、小农具、家庭人工费、外来帮工费、补贴及福利、农机作业费、农用水电费、排灌费、修理费和其他。

各农本项目的内容说明如下。

（1）种子种苗，是指外购的种子种苗、家庭农场自己培育的种子种苗和有关部门实物分配的种子等；

（2）有机肥，是指外购的有机肥、家庭农场自己养殖的家禽副产品和有关部门实物分配的有机肥等；

（3）化肥，是指外购的化肥和有关部门实物分配的化肥等；

（4）植保费，是指外购的农药和外购的农药以及有关部门实物分配的农药等，包括植保机械用的汽油、柴油、机油等；

（5）小农具，是指因种植业生产所需要的农具，如开沟用的铁铲、治虫用的喷雾器等；

（6）家庭人工费，是指用于经营种植业和经营其他各业的家庭农场人员报酬（包括家庭农场主报酬），人工报酬标准按当地市场价格确定；

（7）外来帮工费，是指因种植业生产和其他各业经营的需要，除家庭农场人员以外的帮工人员报酬，人工报酬标准按当地市场价格确定；

（8）补贴及福利，是指家庭农场人员和外来帮工人员的伙食、交通、通信等补贴和生产所需的劳动保护用品，如草帽、雨衣、雨鞋、防暑降温用品等；

（9）农机作业费，是指机开沟、机耕、机播、机插秧、机收等农业机械作业费；

（10）农用水电费，是指按规定付给村民委员会用于生产的农用水费、电费；

（11）排灌费，是指按规定付给村民委员会田间生产用的排涝费和灌溉费；

（12）修理费，是生产使用的自有农业机械、器具和仓库、场地维修费用；

（13）其他，是指除了上述农本项目以外的应归属于农本的其他费用，如购买农用薄膜、支付农业生产资料的运杂费、计提农机等固定资产的折旧费等（农机折旧费每月按农机固定资产减去财政补贴后金额的1%计提）。

凡各农作物发生的各项农本（包括水稻种子等实物分配），都必须及时如实登记农本日记账相应的农本项目，不得违反。

按照农作物的生长周期，各农作物应按收获期正确及时结算农本。结算农本时，对应付未付的有机肥和化肥、农药等农业生产资料费、机耕和机播机收等农机作业费、家庭人工费和外来帮工费等，都必须全部计入本熟农作物的农本；对库存有机肥、化肥、农药等农业生产资料数量较多的，应进行实地盘点。盘点后冲减本熟农作物的相应农本，并转作下一熟农作物的农本。冲减农本或发生转让农业生产资料时，在农本日记账相应农作物的农本项目栏用"—"填列。

农本日记账应按页、按各农作物的收获期结账。结账后，各粮食作物的农本合计，应与收支日记账支出"经营支出"中种植业农本"粮食作物农本"相符；各经济作物的农本合计，应与收支日记账支出"经营支出"中种植业农本"经济作物农本"相符。

农本日记账按年度登记。

家庭农场农本日记账采用活页式账簿，账页格式见附表2。

附表 2　家庭农场农本日记账

农作物	名称	
	面积	亩

年		摘要	合计	种子种苗	有机肥	化肥	植保费	小农具	家庭人工费	外来帮工费	补贴及福利	农机作业费	农用水电费	排灌费	修理费	其他
月	日															

三、经营情况表

经营情况表是反映家庭农场基本信息和经营状况信息的综合性表格。经营情况表除了基本信息外，可以全面反映家庭农场一年的生产经营状况，是对家庭农场一年生产经营的科学总结。经营情况表实际上是家庭农场的一张名片。正确填制经营情况表，能够达到一目了然的效果。

经营情况表分为基本信息、经营收益、种植业农作物产量及经济效益、种植业农作物农本和其他各业经济效益 5 个部分。经营情况表除了基本信息外，其余 4 个部分有的项目数据要从收支日记账和农本日记账相关摘要中摘录填列，因此，相关联的数字必须"轧平"。

（一）基本信息

填制"基本信息"，可以了解家庭农场的基本情况。基本信息主要填列：家庭农场主姓名、居民身份证号码、家庭地址（镇、村、门牌号）、联系电话（住宅、手机号）、全家人口和劳动力、全家在农场劳动力、承包土地面积（根据土地租赁合同填列，包括承包粮田面积、承包蔬菜大田面积和承包蔬菜大棚面积等）、承包水面面积（根据水面租赁合同填列，包括承包鱼塘面积和承包河面面积等）。

（二）经营收益

填制"经营收益"，可以了解家庭农场一年的经营成果状况，同时可以了解合作社一年获得的各级财政和有关部门的各种补贴和实物等补助收入情况。经营收益分为总收入、总支出和盈余 3 个部分。

1. 总收入

总收入分为经营收入、补助收入和其他收入 3 个方面。

（1）经营收入。经营收入根据收支日记账收入中"经营收入合计"栏年末累计数填列。

（2）补助收入。补助收入的合计数，根据收支日记账收入中"补助收入"栏年末累计数填列。补助收入分为种植水稻补贴、冬翻绿肥补贴、蔬菜补贴、农机补贴、其他补贴和水稻种子实物、有机肥实物、化肥实物、农药实物、其他农资实物等明细项目，分别根据收支日记账收入中"补助收入"相关的摘要摘录填列。

（3）其他收入。其他收入根据收支日记账收入中"其他收入"栏年末累计数填列。

经营收入、补助收入和其他收入 3 个方面的合计即为总收入，应分别与收支日记账收入中的经营收入、补助收入、其他收入和总收入相符。

2. 总支出

总支出分为经营支出、土地租赁费、销售费用和其他支出 4 个方面。

（1）经营支出。经营支出根据收支日记账支出中"经营支出合计"栏年末累计数填列。

（2）土地租赁费。土地租赁费根据收支日记账支出中"土地租赁费"栏年末累计数填列。

（3）销售费用。销售费用根据收支日记账支出中"销售费用"栏年末累计数填列。

（4）其他支出。其他支出根据收支日记账支出中"其他支出"栏年末累计数填列。

经营支出、土地租赁费、销售费用、其他支出 4 个方面的合计即为总支出，4 分项与总支出应分别与收支日记账支出中的经营支出、土地租赁费、销售费用、其他支出和总支出相符。

3. 盈余

总收入减去总支出即为盈余，如为负数表示亏损。盈余应与收支日记账中的年末结余相符。

（三）种植业农作物产量及经济效益

填制"种植业农作物产量及经济效益"，可以了解家庭农场经营种植业各农作物的产量和经济效益的状况。种植业农作物产量及经济效益分为粮食作物和经济作物两个方面。

1. 粮食作物

粮食作物分为小麦、玉米、水稻等。面积根据实际种植各粮食作物的面积填列。总产和收入，根据收支日记账收入"经营收入"中种植业收入"粮食作物收入"相关的摘要摘录填列。总产除以面积为单产，收入除以面积为亩收入，农本（根据农本日记账中该粮食作物的农本合计）除以面积为亩成本，亩收入减去亩成本为亩净收入。填列后，小麦、玉米、水稻等粮食作物收入小计，应与收支日记账收入"经营收入"中的种植业收入"粮食作物收入"相符。

2. 经济作物

经济作物分为油菜、西甜瓜、蔬菜等。面积根据实际种植的各经济作物的面积填列。总产和收入，根据收支日记账收入"经营收入"中种植业收入"经济作物收入"相关的摘要摘录填列。总产除以面积为单产，收入除以面积为亩收入，农本（根据农本日记账中该经济作物的农本合计）除以面积为亩成本，亩收入减去亩成本为亩净收入。填列后，油菜、西甜瓜、蔬菜等经济作物收入小计，应与收支日记账收入"经营收入"中的种植业收入"经济作物收入"相符。

粮食作物收入和经济作物收入的合计，应与收支日记账收入

"经营收入"中的"种植业收入"小计相符。

（四）种植业农作物农本

填制"种植业农作物农本"，可以了解家庭农场经营种植业各农作物的各项农本。种植业农作物农本按照农作物的名称，分别对应农本日记账各农作物记载的农本项目数据填列。

（五）其他各业经济效益

填制"其他各业经济效益"，可以了解家庭农场开展多种经营的状况。其他各业经济效益按照经营项目填列。各其他经营项目的收入，根据收支日记账收入"经营收入"中"其他各业收入"相关的摘要摘录填列；各其他经营项目的成本，根据收支日记账支出"经营支出"中"其他各业成本"相关的摘要摘录填列。各其他经营项目的收入减去成本为净收入。各其他经营项目的收入合计，应与收支日记账收入"经营收入"中的"其他各业收入"相符；各其他经营项目的成本合计，应与收支日记账支出"经营支出"中的"其他各业成本"相符。

家庭农场经营情况表按年度填制，该表格式见附表3。

附表3 家庭农场经营情况表（　　　年度）

基本信息

基本信息		
家庭农场主姓名		
居民身份证号码		
家庭地址	镇　　村　　号	
联系电话	住宅	
	手机	
全家人口和劳动力	人口＿人，劳动力＿人	
全家在农场劳动力	＿人	
承包土地面积	合计	＿亩
	粮田	＿亩
	蔬菜　大田	＿亩
	大棚	＿亩
承包水面面积	＿亩	

种植业农作物产量及经济效益

农作物名称		面积	单产	总产	收入	亩收入	亩成本	亩净收入
合计			—	—				
粮食作物	小计		—	—				
	小麦							
	玉米							
	水稻							
经济作物	小计		—	—				
	油菜							
	西甜瓜							
	蔬菜							

种植业农作物成本

成本项目	小麦	玉米	水稻	油菜	西甜瓜	蔬菜
合计						
种子种苗						

经营收益

项目	上年	本年
一、总收入		
1.经营收入		

（续）

经营收益			种植业农作物成本						
项 目	上年	本年	成本项目	小麦	玉米	水稻	油菜	西甜瓜	蔬菜
合 计			有机肥						
2. 补助收入 种植水稻补贴			化 肥						
冬翻绿肥补贴			植保费						
蔬菜补贴			小农具						
农机补贴			家庭人工费						
其他补贴补助			外来帮工费						
水稻种子实物			补贴及福利						
有机肥实物			农机作业费						
化肥实物			农用水电费						
农药实物			排灌费						
其他农资实物			修理费						
3. 其他收入			其 他						

其他各业经济效益			
经营项目	收 入	成 本	净收入
合 计			

项 目	
二、总支出	
1. 经营支出	
2. 土地租赁费	
3. 销售费用	
4. 其他支出	
三、盈 余	

填表日期: 年 月 日

（计量单位:面积亩,产量千克,金额元。） 填表人:

图书在版编目（CIP）数据

农民专业合作社财务核算实操／上海市农业广播电
视学校编．—北京：中国农业出版社，2019.6（2021.3重印）
ISBN 978 - 7 - 109 - 25425 - 1

Ⅰ．①农…　Ⅱ．①上…　Ⅲ．①农业合作社－专业合作
社－财务管理－中国　Ⅳ．①F302.6

中国版本图书馆 CIP 数据核字（2019）第 071825 号

中国农业出版社出版
（北京市朝阳区麦子店街 18 号楼）
（邮政编码 100125）
责任编辑　闫保荣　潘洪洋

北京通州皇家印刷厂印刷　新华书店北京发行所发行
2019 年 6 月第 1 版　2021 年 3 月北京第 2 次印刷

开本：880mm×1230mm　1/32　印张：4.5
字数：110 千字
定价：28.00 元
（凡本版图书出现印刷、装订错误，请向出版社发行部调换）